E Laur

Malherbe

Litterarhistorische Skizze

E Laur

Malherbe
Litterarhistorische Skizze

ISBN/EAN: 9783744624176

Hergestellt in Europa, USA, Kanada, Australien, Japan

Cover: Foto ©ninafisch / pixelio.de

Weitere Bücher finden Sie auf **www.hansebooks.com**

MALHERBE.

Litterarhistorische Skizze.

— — —

Von

E. Laur,

Dr. philos. et utr. juris., Privatdocent an der Universität Heidelberg.

Heidelberg.

Carl Winter's Universitätsbuchhandlung.

1869.

I.

Lessing macht in der hamburgischen Dramaturgie, wo eine Aufführung der Merope Voltaires besprochen wird, dem Verfasser einen Vorwurf daraus, dass jener, in seinem Schreiben an Maffei, den Dichter des italienischen Stückes tröstet mit der Bemerkung: „*des Marquis Fehler seien die Fehler seiner Nation und die Fehler einer ganzen Nation seien eigentlich keine Fehler, weil es ja eben nicht darauf ankomme, was an und für sich gut oder schlecht sei, sondern was die Nation dafür wolle gelten lassen.*" 1)

Trotzdem hat Voltaire im Allgemeinen Recht. Jeder Künstler schafft zunächst für die eigene Nation, deren unabtrennbares Glied er ist, deren Hauptcharakter er in sich trägt. Die Helden Homers sind Griechen, englisches 1ª) Blut fliesst in den Adern shakespearischer Gestalten, wie aus den Zügen der Madonnen Murillos spanische Glut leuchtet. Freilich über die Grenzen seines Vaterlandes hinaus wirkt der Künstler nur, so weit die von ihm hingestellten Individuen zugleich dem Menschlichen im höheren Sinne nahe kommen. Doch dergleichen Genies sind selten in der Geschichte der Kunst. Mit dem für sie passenden Maasstabe darf die Bedeutung der grossen Zahl tüchtiger Talente eben so wenig gemessen werden, wie einzelne hervorragende Berggipfel als entscheidend gelten bei Angabe der Erhebung einer Plateaulandschaft über die Meeresfläche.

2) Namentlich bei Beurtheilung litterarischer Werke ist der nationale Standpunkt von durchgreifender Bedeutung. Wie sollte auch die grosse Masse eines Volkes von den Leistungen eines Fremden in dessen Vaterlande eine genügende

3) Kenntniss erhalten? *„Jede Nation hat Eigenthümlichkeiten, wodurch sie von der andern unterschieden wird, und diese sind es auch, wodurch die Nationen sich unter einander getrennt, sich angezogen oder abgestossen fühlen. Die Aeusserlichkeiten dieser innern Eigenthümlichkeit kommen der andern meist auffallend widerwärtig und, im leidlichsten Sinne, lächerlich vor. Diese sind es auch, warum wir eine Nation immer weniger achten, als sie es verdient."* Das Uebertragen fremder Arbeiten in die eigene Sprache kann diesem Mangel nicht vollständig ab-

4) helfen. *„Übersetzen ist übersetzen, traducere navem, wer nun zur seefahrt aufgelegt, ein schif bemannen und mit vollem Segel an das gestade jenseits führen kann, musz dennoch landen, wo andrer boden ist und andre luft streicht."* Und selbst diejenigen, welche die Originale ohne Schwierigkeit lesen können, vermögen nicht allzuoft über den eigenen Schatten zu springen, in den Geist der fremden Nation einzudringen, mit ihr zu empfinden, ihr nachzufühlen. Nicht nur Lessings klassischer Geschmack hat mit unerbittlichem Scharfsinne den Königen unter den französischen Dichtern die Krone wegdisputirt, auch

5) Schiller begreift nicht den *„Grossen Corneille"* und findet sogar dessen Sprache im höchsten Grade man-

gelhaft da, wo — in Rodogune, Polyeucte — die Lands-
leute des Poeten der Normandie κατ' ἐξοχήν in Begeisterung gerathen. Ebenso gesteht J. Grimm in einem [6)]
Schreiben an Jules Michelet: *„dois-je vous répéter un
aveu que nous faisons communément en Allemagne? j'ai
souvent ouvert, avec la meilleure volonté du monde, Corneille, Racine et Boileau, et je sens tout ce qu'ils ont
de talent, mais je ne puis en soutenir la lecture, et il
me paraît évident qu'une partie des sentiments les plus
profonds qu'éveille la poésie, est restée lettre close pour
ces auteurs."*

Jenseits des Rheins herrscht über diese Thatsache
heutzutage kein Zweifel mehr. Die Franzosen legen
hohen Werth auf das Urtheil der Deutschen, sie bemühen
sich uns verständlich und begreiflich zu werden. Es genügt ihnen nicht zu hören: *„le génie des races s'y oppose."* [7)]
Und es ist ihnen hierin vollständig beizustimmen. Ein
Anderes scheint, die Bedeutung eines Schriftstellers für [8)]
sein Volk erkennen, und wieder ein Anderes, an dessen
Dichtungen Freude finden, von ihnen erhoben oder ge-
rührt werden. Dieses lässt sich durch das eingehendste
Studium nicht erreichen, aber jenes kann auch dem
Fremden bei einigermaassen genügender Darstellung er-
schlossen werden.

Hierzu einen geringen Beitrag liefern zu wollen mag
sich rechtfertigen durch die Thatsachen, dass bei uns für
das Verständniss, namentlich der Anfänge, der modernen
Litteratur der Franzosen kaum hier und da einzelne und
überdies wenig tiefgreifende Bemerkungen sich auffinden
lassen, obgleich dort der Keim zu suchen ist für die
Entwickelung der französischen zur allgemeinen Weltsprache.

II.

9) „*Die Epoche einer Litteratur rechnet man gewöhn-
lich mit Recht von dem Zeitpunkte an, wo die Sprache
nach dem Maasse ihrer Entwickelungsfähigkeit zu einer
solchen gediehen ist, dass die wegen anderer Eigenschaf-
ten bewunderten Werke auch in den Formen des Stils
als Muster gelten, und durch ihren mächtigen Einfluss
auf die Feststellung des Sprachgebrauchs Jahrhunderte
lang unveraltet ihren ersten frischen Glanz bewahren
können.*" Ein solcher Beginn hat nichts Plötzliches.
Dann und wann sind schon leise Versuche zu Neuerungen
gemacht, aber bald wieder freiwillig aufgegeben oder unbe-
merkt liegen geblieben, vergessen, wie weitaus nicht alle
durch das Gestein sickernde Tropfen zum Quell eines
Flusses sich ansammeln, sondern ihrer viele im Boden
verschwinden, in der Luft verdampfen.

Erst wenn zu dem gehörigen Talente die erforder-
liche Energie und günstige äussere Umstände treten, sind
die Folgen der neuen Bestrebungen von Dauer und maass-
gebend. So finden sich in der französischen Litteratur
schon unter François I. die Spuren jenes Wiedererwachens,

welchem durch die dankbare Nachwelt die Bezeichnung
Wiedergeburt beigelegt worden. Marguerite de Va- 10)
lois, des Ritterlichen Königs ältere Schwester, erscheint
im Heptameron, einer Nachahmung von Boccaccios
Meisterwerke, leicht geschürzt in Sprache und Gedanken, oft
anmuthig und gewandt, eben so weit von Pedanterie wie
von genialer Kraft. Doch verdankt sie das Bewahren
ihres Andenkens nicht dem *style gay* der Nouvelles, —
obgleich in den letzteren die Anfänge der modernen
Prosa liegen, — sondern sie wird gepriesen wegen des
Schutzes, den Gelehrte und Dichter, wegen der Toleranz,
welche die Reformation bei ihr gefunden. 11)

Als Schützling oder Günstling schliesst sich der
Königin von Navarra an Clément Marot (den unser 12)
Göthe einen „*trefflichen Mann*" nennt), wie der Wein
in seiner heimathlichen Provinz, angenehm zu geniessen,
ohne berauschend zu wirken. Epigramm und Rondeau,
Madrigal und scherzhafte Epistel erkennen ihn als Meister. Höheres Aufstreben misslingt. Die Uebersetzungen
der Psalmen Davids, einiger Eclogen Vergils, der Me- 13)
tamorphosen Ovids erweisen ungeheuern Abstand zwischen
Wollen und Können. Aber Marot besitzt jene Eigen- 14)
schaft des Geistes, welche als „*esprit*" von den Franzosen
hochgeschätzt wird, und ihn bis heute noch so modern
erhält, dass La Bruyères Wort: „*il n'y a guère entre
(Marot) lui et nous que la différence de quelques mots*" 15)
mit gewissen Einschränkungen fortbesteht. Indess hat
der „*Gesetzgeber des französischen Parnasses*" diese *muse* 16)
bourgeoise auf den gebührenden Rang gewiesen:

„*Marot . . . . fit fleurir les ballades,*
Tourna des triolets, rima des mascarades,
A des refrains réglés asservit les rondeaux,
Et montra pour rimer des chemins tout nouveaux."

Von ganz andrer Wucht ist der Schritt, mit dem
François Rabelais lachend unter die aufgeklärtesten
Männer seines Jahrhunderts sich stellt. Und er steht
noch jetzt, dieser allerdings derbe und ungeschlachte
Koloss, mit seiner unerschöpflichen Fülle von Geist und
Witz, Schelmereien und Cynismen. Aber zu mysteriös
um allgemein verstanden zu werden, ist er auch zu zer-
fahren, zu wild gährend um Schule zu machen.

17)   „A lui seul appartient une façon d'écrire,
         Qui doit avoir son prix à part."

Unbekümmert woher Wort oder Wendung stamme,
greift er ins Lateinische und Griechische hinein und giebt
mit deren Hülfe seinen echt menschlichen Gedanken kräf-
18) tige Gestalt. Dabei legt er, wie alle grossen Humoristen,
wenig Werth auf die Kunst der Composition des Ganzen,
und ist zu sehr mit dem Staub und Rost der Vergangen-
heit bedeckt, als dass er durch Schaffen einer neuen Form
zur Renaissance beizutragen vermöchte. Hingegen gilt er
als der Erste, welcher der Prosa unabänderliche Regeln
gegeben und die Syntax festgestellt hat.

Neben dem glänzenden, feisten Gesicht des Pfarrers
von Meudon taucht ein mächtiger und prächtiger Gegensatz auf: das ernste, strenge Antlitz des Reformators aus
der Picardie (der hier natürlich nur als Stylist in Be-
tracht kommt). Calvins Sprache hat eine von der Scho-
lastik befreite Methode, ist kraftvoll, knapp und straff,
ihrem Vorbilde, dem Lateinischen, sich nähernd; aber ihr
19) mangelt das Geschmeidige, Farbenreiche, Unzweideutige,
wie es dem französischen Geiste entspricht. Ueberdies
hindert der Stempel ihres Ursprungs weitere Verbreitung
und Anerkennung unter den Zeitgenossen, während der
20) Inhalt der *Institution chrétienne* durch seltene Kühnheit

die allgemeine Bewunderung zurückschreckt. Ein Reformator und Demokrat! Schon die Hälfte hätte hingereicht die litterarischen Pariser Kreise mit Entsetzen zu erfüllen. Doch die Zeit der Umbildung der Prosa war überhaupt noch nicht gekommen. La Boétie, Jaques 21) Amyot (in dessen Uebersetzung des Plutarch der Jesuit Meziriac 2000 Fehler nachgewiesen hat), und selbst der um 40 Jahre später auftretende Montaigne blieben 22) damals ziemlich unbeachtet. Nach stetigem Gesetze entwickelte sich die Poesie vor der Prosa, und bevor die ältere Schwester die erwünschte Stellung einnehmen konnte, mussten zwei Staatsstreiche siegend durchgeführt werden, als ob auch auf nichtpolitischem Felde den Rheinnachbarn unvergönnt wäre, organisch von innen heraus, von unten nach oben sich fortzubilden.

Der erste, gerichtet gegen den Marotismus, der am Hofe Henris II. in der Person des Abbé Melin de Saint-Gelais wohlgelitten war, wurde unternommen von Pierre Ronsard und dessen Ministern. Joachim du 23) Bellay verkündete die neue Verfassung mit dem Titel: 24) *Défense et Illustration de la langue française*. Aufhören 25) sollen die Rondeaux, Balladen, Virelais und andere derartige *épiceries*, als Muster gelten die Griechen, Römer 26) und Italiener. „*Uebersetzen — heisst es — ist nicht genügendes Mittel, um unsere gemeine Sprache auf gleiche Höhe mit den ausgezeichnetsten zu heben. Was muss denn geschehen? Nachahmen! Wir müssen die Römer nachahmen, wie sie die Griechen, wie Cicero den Demosthenes und Vergil den Homer.... Wir müssen die besten Schriftsteller in unserm Innern umformen, und nachdem wir sie verdaut haben, in Blut und Nahrungsstoff verwandeln....*" In einem andern Abschnitt wird die 27)

Bereicherung der Sprache empfohlen, ebenfalls aus dem
Schatze der Alten, kaum äusserlich französirt: die vor-
nehme soll der des Volkes entgegentreten, — nur mit
Benutzung der technischen, bei Vergleichen und Bildern
28) zu verwendenden Ausdrücke, — selbst auf die Gefahr hin,
blos von den Gelehrten verstanden zu werden. Was sonst
noch oft sich erwiesen hat, geschah auch hier: die neue
Gewalt vermochte mit der von ihr oktroyirten Verfassung
nicht zu regieren. Wohl fand das aufgestellte Prinzip
reichen Beifall: Ronsard empfing die Huldigungen eines
29) de Thou, L'Hôpital. Scaliger, Pasquier, Montaigne
und Torquato Tasso, weil der Gedanke: Anlehnung
und Anknüpfung an die Alten sei durchaus nothwendig
um vorwärts zu kommen — richtig war und das Schiefe
in seiner Anwendung während des ersten Freudenrausches
nicht bemerkt wurde. Aber es zeigte sich bald, dass die
Poesie nicht zu machen war, wie der Mensch — nach der
Genesis — erschaffen worden: die Glieder der Plejade be-
dienten sich der antiken Formen, vermochten jedoch nicht
30) ihnen lebendigen Odem einzublasen. Und vollends die
31) Sprache liess sich nicht gewaltsam erweitern. Sie gleicht
jenen hoch empor ragenden Steinhaufen, aus zahllosen
Stücken bestehend, die nicht mit Einem Male auf irgend-
wessen Befehl errichtet, sondern zu denen das Material
von Jahrzehnten mühsam und vereinzelt herbeigetragen
32) worden. Ronsard, urtheilt die bisher in Frankreich un-
33) angefochtene Autorität der „Art poétique“:
Ronsard, qui le (Marot) suivit, par une autre méthode,
Réglant tout, brouilla tout, fit un art à sa mode.
Et toutefois longtemps eut un heureux destin.
Mais sa muse, en français parlant grec et latin,
Vit dans l'âge suivant, par un retour grotesque
34) *Tomber de ses grands mots le faste pédantesque.*

Immerhin gebührt der ronsardschen Epoche das
Verdienst, wenn auch nicht den richtigen Weg gefunden,
so doch die Richtung angedeutet zu haben, auf welcher
das gelobte Land der modernen französischen Poesie sich
erreichen liesse. Das war allerdings zu wenig um einem 35)
neuen Staatsstreiche vorzubeugen, er wurde denn auch,
begünstigt von den politischen Verhältnissen Frankreichs,
geführt durch *le grand tyran des mots et des syllabes,* 36)
nemlich durch François de Malherbe.

„*Enfin Malherbe vint; et le premier en France,*
Fit sentir dans les vers une juste cadence,
D'un mot mis en sa place enseigna le pouvoir,
Et réduisit la muse aux règles du devoir.
. . . . . .
Tout reconnut ses lois; et ce guide fidèle
Aux auteurs de ce temps sert encore de modèle. 37)

III.

François de Malherbe wurde 1555 zu Caën in der Normandie geboren als ältester Sohn des königlichen Rathes am Präsidial-Gerichtshofe, François de Malherbe, sieur de Digny, und dessen Gemahlin Louise, Tochter von Henri le Vallois, sieur d'Ifs. Für seinen Unterricht geschah so viel, wie mit nicht gerade über-
38) mässigem Aufwande sich ausführen liess. Er war 6 Monate in einer Erziehungsanstalt zu Caën, ein Jahr lang in Paris, dann wieder in seiner Vaterstadt bei verschiedenen Lehrern, schliesslich aber daselbst während 6—7 Monaten bei dem dortigen protestantischen Pfarrer Richard
† 1586. Dinoth, von dem begleitet er auch während zweier Jahre
39) zu Heidelberg und Basel studirte. Zurückgekehrt in die Heimat, hielt er Vorträge in öffentlichen Unterrichts-
40) anstalten, und zwar stets mit dem Degen an der Seite, um keinen Augenblick den Edelmann vergessen zu lassen. Denn er war voll Stolz auf den alten Adel seiner Familie und nannte wiederholt Malherbe de Saint-Clignan, einen der Gefährten Wilhelms des Eroberers bei dem
41) Zuge nach England, als Stammvater des Geschlechts.

Schon im August 1576 verliess er Caën und das elterliche
Haus, angeblich, weil er durch den Uebertritt seines   42)
Vaters zum Protestantismus sich verletzt fühlte; doch ist
über diese Conversion und namentlich in diesem Zeitraum
Zuverlässiges nicht bekannt. Da er nach der Provence
ging und dort bei Henri duc d'Angoulême als Sekre-
tär Dienste nahm, so ist nicht unwahrscheinlich, dass die
Verbindungen seiner Familie ihm diese Stellung verschafft
hatten, welche mit der eigenen Neigung jedenfalls besser   43)
stimmte und mehr eintrug als die eines dozirenden Edel-
manns in Caën. Wenigstens versichert er selbst, dass er
während der nächsten zehn Jahre nicht einen Heller von   44)
Hause erhalten habe. Im Jahre 1581 heirathete er des
provenzalischen Parlaments-Präsidenten de Carriolis Toch-   † 1630.
ter Madeleine, welche vorher bereits zweimal Witwe gewesen und 47 Jahre später auch den dritten Gatten sollte
hinsterben sehen. Aus dieser Ehe entsprangen 3 Kinder,
von denen keines die Eltern überlebte. Aus der Zeit   45)
seines Aufenthaltes bei dem Grossprior von Frankreich   Juli 1585.
rühren die ersten von Malherbe bekannt gewordenen,
übrigens unbedeutenden Verse her, die sehr spärlich zu
Tage traten. Wenn er in der Ode pour le roi (Louis XIII.)
sich rühmt, dass die mächtige Gunst der Musen schon   46)
in früher Jugend ihn beglückt habe, so ist doch unter
den auf die Nachwelt gekommenen Dichtungen keine Spur
so frühzeitiger Entwicklung seines Talents zu entdecken.

Als Malherbe im J. 1586, seit einem Dezennium zum
ersten Male, wieder im Vaterhause verweilte, traf ihn daselbst mit hartem Schlage die Nachricht von der Ermordung des duc d'Angoulême. Er kehrte vorläufig nicht   47)
mehr in die Provence zurück, sondern liess seine Frau nach
der Picardie kommen, von wo aus er im folgenden Jahre,   1587.

neue Einnahme-Quellen suchend, dem Könige Henri III.
eine Nachahmung en miniature von „*Le Lagrime di San
Pietro*“ des italienischen Dichters Luigi Tansiello unter
dem Titel „*les Larmes de Saint Pierre*“ widmete. Der
Zweck, den der Dichter verfolgte, mag erklären, dass
seine Muse — während der Krieg in Poitou wüthete und
Henri de Navarre den glänzenden Sieg über die linguisti-
schen Truppen bei Coutras erfocht — ohne Erröthen
folgende Stanze an den Sohn Catherines de Médicis
niederschrieb:

Henri, de qui les yeux et l'image sacrée
Font un visage d'or à cette âge ferrée.
Ne refuse à mes voeux un favorable appui:
Et si pour ton autel ce n'est chose assez grande,
Pense qu'il est si grand, qu'il n'auroit point d'offrande,
S'il n'en receroit point que d'égales à lui.

Als Dank schickte der König 500 écus und glänzende
Versprechungen, die — nicht erfüllt wurden; ein Um-
stand, der, mit Rücksicht auf Malherbes Geldgier, gewiss
den Zorn des Dichters erweckte und Veranlassung war zu
dem 17 Jahre später Henri III. gewidmeten, seltsam ab-
stechenden Nachrufe:

48)   *Quand un roi fainéant, la vergogne des princes,*
Laissant à ses flatteurs le soin de ses provinces,
Entre les voluptés indignement s'endort.
Quoique l'on dissimule, on n'en fait point d'estime,
Et si la vérité se peut dire sans crime,
C'est arecque plaisir qu'on survit à sa mort.

49)   In den aus 66 sechszeiligen Strophen bestehenden
Larmes de Saint Pierre ist der künftige Reformator
kaum den schärfsten Blicken erkennbar. Das begeisterte
Lob, welches der jugendliche Commentator der Werke

20. Oct. 1587.

Malherbes, André Chénier, diesen Stanzen in Bezug
auf einzelne darin enthaltene Bilder sowie die Ver-
sifizirung zu Theil werden lässt, finden nicht nur die Kenner, sondern auch die sonst eifrigsten Bewunderer des
Dichters überschwänglich; allein ein paar Versen wird selbst
von dem bedeutendsten und geschmackvollsten Litterar-
historiker Frankreichs unvergängliche Schönheit zuerkannt. 50)
Z. B. St. Peter zeigt die beim bethlehemitischen Kinder-
morde umgekommenen unschuldigen Knäbchen, die ersten
der Märtyrer, denen die Ehre gebührt die Pforte geöffnet
zu haben, allen späteren, die mit schöner und starker
Seele auf Erden gestorben sind, um im Himmel zu leben.
„Que,‟ fährt er fort, V. 235—240,

„*Que d'applaudissements, de rumeurs et de presses,*
Que de feux, que de jeux, que de traits de caresses,
Quand là-haut en ce point on les vit arriver!
Et quel plaisir encore à leur courage tendre,
Voyant Dieu devant eux en ses bras les attendre,
Et pour leur faire honneur les anges se lever.‟

Diese Engel, welche von ihren Sitzen salonmässig höf-
lich sich erheben, die neu ankommenden Kinder mit Ehr-
erbietung zu begrüssen, erregen natürlich deutschem Wesen und in deutscher Sprache Anstoss ebenso wie das
Applaudiren; indessen bei aller Rücksicht auf die Grenzen
der Malerei und Poesie mag erinnert werden an die zahlreichen Bilder Rafaels und Rubens mit den vor Selig-
keit berauschten, sich überkugelnden Engeln und jene
beiden, kindlich ruhig die Aermchen aufstützenden zu
Füssen der sixtinischen Madonna! In dieser Weise wird
Malherbes Gedanke unserm Verständniss ein klein wenig
näher gerückt.

51) Womit Malherbe bis zum Jahre 1599 sich beschäftigt habe, ist unbekannt, denn die von seinem Schüler,

52) Freund und Biographen Racan mitgetheilten Anekdoten aus diesem Lebensabschnitte sind als apokryph zu betrachten. Hätte der Dichter an irgend welchem kriegerischen Ereignisse rühmlichen oder auch nur thätigen Antheil genommen, so wäre davon seinerseits noch anderswo als in den mündlichen Unterhaltungen mit dem leichtgläu-

1595. bigen Gefährten die Rede gewesen. Er war inzwischen

1593. mit seiner bereits früher heimgekehrten Familie wieder nach Aix in der Provence gegangen, und hatte von dort aus eine Ode an Henri IV. gerichtet, mit Bezug auf die Wiederbesetzung Marseilles, das seit 1589 von der Ligue war gehalten worden. Ohne in die Ueberschwänglichkeit André Chéniers einzustimmen, dem seine Jugend zur Entschuldigung dient, ist doch hier bereits Schwung und Bewegung anzuerkennen.

„*Les areutures du mond*
Vont d'un ordre mutuel.
Comme on voit au bord de l'onde
Un reflux perpétuel.
L'aise et l'ennui de la vie
Ont leur course entre-suivie
Aussi naturellement
Que le chaud et la froidure.
Et rien, afin que tout dure,

53) *Ne dure éternellement.*"

Die Kühle der Betrachtungsweise erklärt sich aus der

54) Thatsache, dass nicht in Folge glänzender Waffenthaten, sondern durch Verrath die Stadt übergegangen war. Im J. 1599, nach abermaligem Aufenthalte in der Normandie, reiste Malherbe zu seiner Frau, um einige Prozesse in Aix zu führen. Er wurde länger als vorausgesehen

dort aufgehalten, denn noch am 9. Novbr. 1601 schrieb
er seinem Freunde du Perron, er sei durch 2 oder 3
leidige Prozesse für kurze Zeit noch an Aix gefesselt.
Allein selbst im August 1605, als er die Provence ver-   55)
liess, waren seine Streitigkeiten keineswegs geendigt.

Unterdessen hatte der Dichter hier die Stanzen *Con-*   56)
solation à Monsieur du Périer sur la mort de sa fille
und die *Ode à la Reine sur sa bienvenue en France*
verfasst.   57)

Mit jenen zeigt er die vollendete Reife seines Talentes,
von dieser datirt die Verbesserung seiner Vermögensum-
stände, so wie sie den Grund für seine später erfolgte
Berufung an den Hof legte.

Einige Wochen nemlich, nachdem die Ode der Kö-
nigin überreicht worden, fragte Henri IV. den Cardinal   i.r.1600.
du Perron, ob er noch Verse mache. Der bekannte   geb. zu
                                                         Bern
Gegner des Calvinismus erwiederte: „seitdem er die Ehre 1566.
                                                         25 XI.
habe in königlichen Aemtern Verwendung zu finden, be-   † bei
                                                         Paris
schäftige er sich nicht mehr mit der Dichtkunst. Uebri-   1618.
                                                         5 IX.
gens dürfe ferner in dieselbe Keiner sich mischen, da
M. de Malherbe, gegenwärtig in der Provence, die französische Poesie so hoch erhoben habe, dass unmöglich sei
ihm auch nur nahe zu kommen." Der König behielt den   58)
Namen Malherbe im Gedächtnisse und erwähnte desselben
ziemlich oft gegen den Erzieher des jungen César de Ven- 59)
dôme, M. des Yvetaux. Dieser, gleichfalls aus der Normandie gebürtig, verfehlte nicht sich zu erbieten, seinen
Landsmann kommen zu lassen; aber der haushälterische Mo-
narch scheute die Ausgabe für Besoldung eines Hofpoeten
und ging auf den Vorschlag nicht ein. Erst im August
1605, als Malherbe in eigenen Angelegenheiten zu Paris
sich aufhielt, wurde er dem Könige vorgestellt. Henri

empfieng ihn sehr gnädig und, im Begriff mit seinen Truppen nach Limousin zu gehen, in dieser Provinz die sogenannten grossen Gerichtstage zu halten, verlangte er von dem Dichter ein hierauf bezügliches Gelegenheitsgedicht. Malherbe kam dem Befehle nach durch die Ode:

Poésies
XVIII. *O Dieu, dont les bontés de nos larmes touchées.*

Diese 21 sechszeiligen Stanzen gewährten dem Könige solches Vergnügen, dass er Malherbe dem Oberst-Stallmeister M. de Bellegarde zur Anstellung überwies. Der den Pegasus mit Glück bestiegen hatte, wurde jetzt — Stallmeister mit 1000 livres Gehalt, und bald nachher auch Kammerherr. Hierdurch, sowie in Folge des Ablebens seines Vaters vermehrte sich zwar sein Einkommen, 60) trotzdem fuhr er fort um Pensionen zu betteln und — von dem Bearner mit Versprechungen abgefertigt zu werden. Während dieser Zeit dichtete er im Auftrage des duc de Bellegarde Stanzen, welche gelegentlich eines *Carroussel des quatre Eléments* zur Feier der Niederkunft der Königin vorgetragen wurden. Er selbst war mit der Ausführung nicht zufrieden. „mais ce furent,‟ schreibt er, 61) „*des vers de nécessité: ils ne laissent pas d'être loués; le mal est que je ne les loue pas et que je ne veux pas qu'on les voye.*‟ Diese Bemerkung erscheint um so mehr auffallend, als Malherbe, einmal bei Hofe, wenig andre als bestellte Verse gemacht hat, so dass die Biographen derartige seltene Ausnahmen besonders hervorheben. Es folgten nun bis zur Ermordung Henris IV. einige Oden und Sonette für den König bei verschiedenen Anlässen. 62) Gedichte an Caliste, Balletgesänge für den Oberst-Stallmeister, sowie 5 Gedichte unter dem Namen *Alcandre* an 63) *Oranthe* gerichtet, welche dem Charakter des Poeten nicht eben zu grosser Ehre gereichen. Wie aufrichtig die

Bewunderung Malherbes für den grand roi gewesen sein
mag, sie war nicht im Stande, ihn zu schnellem poetischen Er-
guss über den jähen Tod des Monarchen zu begeistern. Ihm [64)
fehlte es weder an Urtheil und Geschmack, noch an Energie und Herrschaft über die Sprache; aber Herz und
Phantasie sind nirgends zu finden, und vielleicht wären
beide für den *prince de la rime normande* auf dem von
ihm unternommenen Feldzuge mehr hemmend als förder-
lich gewesen. Er verehrt den Bearner, Marie de Médicis, Richelieu und Louis XIII. wie früher Henri III.,
denn er ist gleich fest als Royalist und Katholik, ohne
mit persönlicher Ergebenheit dem Souverän oder mit
Frömmigkeit Gott zu dienen. Wichtige Momente im Leben [65)
wie im Dichten sind ihm Ordnung, Bestimmtheit; Schmei-
chelei und Höflichkeit (in Prosa) vollkommen fremd, käl-
tester Egoismus und hieraus entspringende Rücksichts- [66)
losigkeit hervorstechender Charakterzug. Da er gegen die
Schläge des Schicksals, soweit seine Person betroffen wird,
Trost sucht, gelingt ihm stets dergleichen zu finden, und
er ist bei dessen Annahme nicht wählerisch, weil die Wun-
den, welche er etwa empfieng, nicht tief eindrangen. In
allen Verhältnissen zeigte er so steife, unbeugsame Haltung, als ob ihn ein Panzer umgäbe. Stirbt seine Tochter
Jourdaine, die er „einzig geliebt“ hat, so erinnert er sich, [67)
dass sie, auch hundert Jahre alt geworden, hätte sterben
müssen. Berichtet er von dem Tode der 76jährigen
duchesse de Nemours, so scheint ihm, dass sie lange ge- [68)
nug gelebt habe, um auch die ihr am nächsten Stehenden
von der Trauer zu „dispensiren“. Nach Einzelheiten von
Ereignissen, die er lieber ungeschehen wünscht, erkundigt
er sich niemals. Wenn ihn Verliebtsein bedroht, erforscht [69)
er, ob schnell Erfolg zu hoffen sei; fehlt Aussicht auf Er-

70)
71)
füllung seiner Wünsche, so verwandelt er sein Gefühl in Freundschaft oder sucht gar als das Schlechteste darzustellen, was ihm früher das Anziehendste geschienen hatte. Gegen den Neid ist er mit Verachtung ge-

72)
73)
74)
wappnet und Nebenbuhler erkennt er nicht an, noch weniger Gleichstehende. Dank für empfangene Wohlthaten bezeigt er nur so lange wie deren Spender noch ferner nützen kann.

Mit der Uebernahme der Regentschaft durch Marie de Médicis stiegen die Einnahmen des Hofpoeten, der trotz seiner Jahre mit unermüdlichem Eifer stets in der Nähe der Königin sich hielt und durch Mittheilung von politischen und unpolitischen Neuigkeiten sich beliebt zu machen verstand. Auch die Gunst des Grossen Kardinals und Louis XIII. wusste er zu gewinnen und zu bewahren, so dass ihm ausser der inzwischen auf 500 écus erhöhten

30. Juni 1617.
Pension ein Bauplatz für 22 Häuser in Castaigneau am Hafen von Toulon geschenkt wurde: eine „méchante affaire", die ungefähr 10.000 écus eintrug. Es ist wahr, sein eigener Freund des Yvetaux sagte von ihm, er bettle stets mit einem Sonett in der Hand um Almosen, aber Malherbe erwiederte darauf, dass die Kleinen die Wohlthaten der Grossen mit dem Ruhme bezahlen und er hoffe, in dieser Beziehung nicht der Undankbarkeit beschuldigt zu werden. Der Quantität nach waren seine

75)
Gegenleistungen jedenfalls nicht beträchtlich, und nach dem Tode Henris IV. beschränkte seine Arbeit sich auf einige Lieder, die Paraphrase dreier Psalmen, eine Anzahl Epigramme und Sonette nebst einem halben Dutzend Oden, auf Befehl zu festlichen Gelegenheiten gedichtet. Hinzu gerechnet muss werden die Uebersetzung des

76)
XXXIII. Buches T. Livii aus dem Jahre 1621 und des

Seneca de beneficiis libri VII. ad Aebucium Liberalem 77)
sowie desselben XCI epistolae ad Lucilium. Wann die 78)
letzteren Arbeiten von Malherbe gefertigt wurden, ist
nicht ermittelt, doch hatte er bereits gegen Ende des
XVI. Jahrhunderts ein *Bouquet de fleurs de Sénèque* 79)
veröffentlicht. Wenn aus der Wahl des Gegenstandes ein
Schluss auf den Geschmack und die Neigung zulässig ist,
so wird anzuerkennen sein, dass Malherbe seinen Lands-
leuten Schriften zugänglich machte, welche „*einen Schatz
der herrlichsten Lebensmaximen und Grundsätze ent-
halten und, durchdrungen von einem edeln und kräftigen
Geiste, die Lieblingslectüre ausgezeichneter Männer ge-* 80)
wesen sind."

In der Prosa steht er eben so hoch wie als lyrischer 81)
Poet und mehr denn Balzac verdient er deren eigent-
licher Schöpfer genannt zu werden. Auch wusste er sehr
wohl, welchen Werth seine eigne hatte, wenn auch nicht 82)
gerade in den zahlreichen Privatbriefen an seine Freunde 83)
Peiresc und Racan. Von Einigen gebeten eine Grammatik der französischen Sprache zu schreiben, lehnte er
dies als überflüssig ab, da die Uebersetzung des Livius
vorhanden sei um zu zeigen, wie geschrieben werden solle.
Mit dem gleichen durchaus gerechtfertigten Selbstgefühle
beurtheilt er seine Wirksamkeit auf dem Felde der Poesie
zu wiederholten Malen.

> „*Les ouvrages communs vivent quelques années,
> Ce que Malherbe écrit dure éternellement.*"

Oder:

> „*Apollon à portes ouvertes
> Laisse indifféremment cueillir
> Ces belles feuilles toujours vertes
> Qui gardent les noms de vieillir;*

2*

Mais l'art d'en faire des couronnes
N'est su que de peu de personnes;
Et trois ou quatre seulement.
Au nombre desquels on me range,
Peuvent donner une louange
84) *Qui demeure éternellement."*

Streng wie gegen sich selbst ist er gegen Andere,
aber meistentheils gerecht. Indessen konnte nicht fehlen,
dass sein Eifer manchmal zu weit ging und pedantisch
85) sich erwies, wovon seine unbegrenzte Verachtung gegen
Ronsard und dessen Vorläufer Zeugniss ablegte. Fast
86) täglich gegen Abend, erzählt Racan, fand in Malherbes
Wohnung eine kleine Conferenz statt, an welcher Colomby, Maynard, Racan. Dumonstier, Touvant
u. A. Theil nahmen, so viel in dem engen Raume unter
zu bringen waren. Eigentliche Debatten aber werden
schwerlich vorgekommen sein, weil Malherbe von den
Anwesenden, er selbst eingerechnet, als Meister in allen
87) Dingen anerkannt wurde.

Seit 1605 hatte er entfernt von seiner Frau gelebt
und nur zweimal auf kurze Zeit in der Provence sie wie-
dergesehen, wo sie mit ihrem letzten, 1600 geborenen,
Sohne Marc-Antoine wohnte. Dieser wurde im be-
waffneten Streite mit Gaspard de Bovet, baron de
Bormes und Paul de Fortia, seigneur de Piles, am
13. Juli 1627 getödtet. Der 72jährige Vater war tief
empört vielmehr als schmerzlich erschüttert, da die letzte
Hoffnung auf Fortpflanzung seines Namens und Stammes
hinsank. Er verfolgte die angeblichen Mörder vor Gericht,
setzte Himmel und Erde in Bewegung die Verurtheilung
der Schuldigen zu erlangen, und liess seinen Kummer nur
schweigen, wie Hoftrauer bei festlichen Anlässen auf einige

Tage abgelegt wird, um — mit gewohnter Langsamkeit
— jene, nach Sainte-Beuve als sein Schwanengesang zu
bezeichnende *Ode pour le roi allant chastier la rébellion*
des Rochelois et chasser les Anglois zu dichten. Nach
einem halben Jahre war sie beendigt und wurde dem
Könige zugleich mit einem Rache auf das Haupt der
Mörder herabflehenden Schreiben übersendet. Allein
Louis XIII. entsprach diesem Verlangen keineswegs.
Vielleicht geleitet durch seine Kenntniss von Malherbes
Charakter, verordnete er nur, dass Baron de Bormes
und Seigneur de Piles dem greisen Dichter eine Ent-
schädigung von 10.000 écus zahlen sollten. In der That
nahm Malherbe diesen Vergleich an und beschloss, „die
ganze Summe zur Erbauung eines Mausoleums für den
Gefallenen" zu verwenden. Da die Zahlung aber nicht
erfolgte, reiste er im Juli 1628 selbst nach dem Lager
vor la Rochelle. Ueber das Vergebliche dieses Schrittes
schreibt er am 14. September und verheisst, nicht zu
ruhen, bis ihm Genugthuung gegeben worden. Aus dem
Lager jedoch hatte er den Keim einer Krankheit mitge-
bracht, der er am 16. October 1628 erlag, noch auf dem
Sterbebett bekennend, dass er bis zum letzten Augen-
blicke kämpfen wolle für die Reinheit der französischen
Sprache.

88)

89)

90)

IV.

Malherbes Bedeutung für die französische Litteratur
war so hervorragend, dass kaum einer der Geschichts-
schreiber der poetischen Werke seiner Nation sich hat
entgehen lassen ihn mit Henri IV. zu vergleichen. Mag
die ronsard'sche Plejade mit Recht sich rühmen, das
91) Wort *patrie* ihrer Sprache dauernd erworben zu haben:
die Sache selbst, das Gefühl, ein gemeinsames Vaterland
zu besitzen, ist erst unter dem Bearner in das Volk
wie in die Grossen gedrungen. und vor Malherbe hat
das Bewusstsein von Einer Landessprache nirgends Aus-
92) druck gefunden, wie es nach ihm nie wieder ist verloren
gegangen. Beim Beginn des XVI. Jahrhunderts hatte das
Bedürfniss sich geltend gemacht, die alten von den *trou-*
vères überkommenen Formen zu verlassen. Hülfe suchend
wendeten die Blicke sich nach der Antike, aber statt von
Griechen und Römern die Methode zu lernen, den Geist
zu erfassen, wurde das Herübernehmen von fremden Wor-
ten und Redensarten, Metren und Strophenbau als das We-
sentliche erachtet. Nach dem Grundsatze des Juvenalis,
lucri bonus est odor ex re qualibet, erschien jede Ver-

mehrung des Wörterschatzes, ob durch Anleihen bei
Griechen und Römern, oder Spaniern und Italienern dan-
kenswerth, ganz abgesehen davon, dass die verschiedenen
Patois in die Schriftsprache mit Bürgerrecht Zulass er-   93)
hielten. Dies Alles änderte sich mit dem Auftreten Malherbes, mit dem Eintreten des XVII. Jahrhunderts: 94)
Latinismen, Italianismen, Provinzialismen wurden verpönt.
Und so sehr entsprach die Neuerung dem allgemeinen
Verlangen nach Sprachreformen, dass nach wenigen Jah-
ren schon Rabelais, Amyot, Ronsard und selbst
Montaigne für archaistisch galten. Der niedrige Humor   94ᵃ)
wich der Würde und dem Geschmack, der missverstandene
Petrarchismus wurde durch Präzision und wahre Eleganz
ersetzt. Feinheit des Ausdrucks, Wohlklang und Har-   95)
monie des Rhythmus gewannen die Oberhand über Nachlässigkeit im Ton und Versemacherei. Voll bewunderns-   96)
werther Sicherheit erfasste Malherbe, nicht das tiefere
Wesen der Antike, aber den Geist wie den Mechanismus
des Französischen, und seine nie zu ermüdende Kraft
setzte durch, was er als richtig erkannt hatte. Er
hielt förmlich Schule über Sprache und Poesie, so dass   97)
Balzac ihn mit Grund *le vieux pédagogue de la cour*
nennt, der die Angelegenheit der Gérondifs und Participes
so ernst wie einen Grenzstreit zwischen zwei Nachbar-
völkern behandelte. Vielleicht lässt diese Art des Vor-   98)
gehens mit dichterischer Genialität sich nicht vereinigen,
aber damals that jenes mehr noth als diese; denn ent-
gegen A. W. Schlegels Ansichten scheint es, dass, in   99)
Frankreich wenigstens, die Poesie auf die Theorie ge-
wartet habe: Corneille und Racine konnten nur ge-
deihen auf einem Boden, den Malherbe durchpflügt und   100)

gesäubert hatte. Er hat gewirkt durch Lehre und
Beispiel.

101)   Jene findet sich in dem kritischen *Commentaire sur*
102) *Des Portes.* Ronsards zahmeren Schüler, dessen Dichtungen Karl IX. und Henri III. besonders wohlgefallen
und dem Sänger den Beinamen des französischen Tibullus
eingetragen hatten. In gleicher Weise war auch ein
Exemplar der Werke Ronsards mit Randbemerkungen
versehen worden: es ist jedoch bisher nicht aufzufinden
103) gewesen. Die Kritik Malherbes kennen zu lernen, genügt übrigens die fortlaufende Reihe beurtheilender Notizen zu des Abbé de Tiron Werken. Mit der Genauig-
keit, wie dergleichen sogar den Correctoren der Druckereien
zu wünschen wäre, die jedoch nur bei den gewissenhafte-
sten Philologen anzutreffen ist, wird jede Zeile, jedes Wort
durchgenommen, nach seinem Herkommen und seinem
Sinne gefragt, in Bezug auf Schreibung gemustert. Jeder
Vers wird abgewogen, jedes Bild oder Gleichniss zu dem
Original gehalten, jeder Reim mit Aug' und Ohr geprüft,
der Konstruktion ganz besondere Aufmerksamkeit gewid-
met. In ähnlicher Weise, wenn auch zu anderm Zwecke,
104) hat Lessing das Wörterbuch aus Logaus Schriften zu-
sammengestellt.

105)   In materieller Beziehung sind aus jener, von echt
französischem Gehör und scharfem Verstande geübten,
Schau namentlich folgende Veränderungen in Sprache und
Versifikation hervorgegangen.

     1. Das Zusammentreffen zweier Vokale (hiatus) gilt
als unzulässig: z. A. Sonnet XLVII. p. 288.

        a) *Mon mortel ennemi par eur a eu passage.*
Malherbe ändert in: *a par eux eu passage.*

b) In Imitations de l'Arioste. p. 417.

Pieds nuds, estomach nud, ignorant qu'il étoit.

Zusatz: *il faut dire nu, et disant nu, il y a de la cacophonie, sinon que vous prononciez en gascon nut ignorant, comme quand ils (les Gascons) disent: mettre pié ta terre.*

2. Der Satz oder Satztheil soll mit dem Versende abschliessen, nicht in den nächsten Vers hinübergreifen (enjambement oder suspension), z. B.

a) Elégies, livre I. 3. p. 356.

*Las! le jour finit bien, et la nuit nourricière
Des soucis épineux éteigne la lumière.*

Zusatz: *suspension fächeuse.*

b) Elégies, livre I. 4. p. 357.

*Depuis que je fais joug sous la puissante loi
De vos fières beautés.*

Zusatz: *suspendu.*

3. Die Caesur ist streng zu beachten, so dass nicht einmal das regierende Wort von dem regierten durch den Verseinschnitt getrennt wird, denn in diesem Falle würde beim Lesen Zusammenziehen erfolgen. Z. B.

a) Diverses amours. Dialogue I., p. 426.

Ah, Dieu! que c'est   un étrange martyre.

Zusatz: *mauvaise césure.*

b) Complainte I., p. 432.

Et pour n'avoir jamais   de repos sur la terre.

Derselbe Zusatz.

4. Der Reinheit des Reims ist die grösste Aufmerksamkeit zu widmen. Zusammensetzungen mit demselben

Worte wie überhaupt zu nahe liegende, Jedem gleich ein-
fallende Reime sind zu vermeiden. Z. B.

    a) Imitations d'Arioste, p. 432.

Car je veux en peu d'heure
Voir la fin de ma vie et du mal que j'endure.

Zusatz: *rime de Chartres* (Provinzialismus). An
    andern Stellen findet sich Aehnliches als
    rime gasconne oder *provençale* gerügt.

    b) Les Amours d'Hippolyte, Sonnet LXXIX, p. 321.

Se saure à la beauté qui domine mes sens,
Et là tout assuré rit des maux que je sens.

Zusatz: *cette rime ne vaut rien.*

5. Auslassung der Fürwörter oder einzelner Buch-
staben, um das Bilden des Verses zu erleichtern, erfährt
scharfen Tadel. Z. B.

    a) Elégies, livre II., Cléophron p. 389.

S'elle osoit d'un soupir.

Zusatz: *si elle.*

    b) Elégies, livre I., XV.

Mais je crois que n'êtes variable.

Zusatz: „vous" *oublié au logis.*

6. Die Inversionen sind unter allen Umständen nicht
zu dulden, die Konstruktion darf nicht um des Verses
willen leiden. Z. B.

    a) Elégie IV. p. 382.

N'eût empêché Madame à courir sur la place.

Zusatz: *il faut dire: n'eût empêché Madame de*
    courir . . .

    b) Elégies, livre II., Eurylas, p. 395.

Tandis des faits nouveaux la courrière emplumée
Partout cette merveille aussitôt a semée.

Zusatz: *il faut démêler ainsi cette transposition :*
..tandis la courrière emplumée des faits nou-
veaux a aussitôt semée partout cette mer-
veille . . ."

7. Unleidlich ist, in der Mitte des Verses zu reimen
auf das Ende des vorhergehenden oder folgenden. Z. B.

a) Imitations de l'Arioste, La Mort de Rodomont
pag. 405.

Comme le flot grondant d'un superbe torrent.

Zusatz: *rimé au milieu.*

Jusque dans la poignée éclatèrent froissées.

Zusatz: *..et cettui-ci aussi."*

8. Wiederholungen, Redensarten, Flick- und Füllworte 106)
(chevilles und bourres) sollen ausgemerzt werden. Z. B.

a) Elégies, livre I. 10., p. 364.

Je ne veux point blâmer la Nature et les Cieux
L'Amour, la Providence, ou quelque autre des
Dieux.

Zusatz: *..chevilles; et davantage, puisqu'il vouloit dire:*
ou quelque autre des dieux, il falloit que
ceux qu'il avoit nommés auparavant fussent
tous dieux."

b) Diane, livre II. Ch. VI., p. 293.

Pour bien voir quelle est ma foi,
Regardez-moi dans votre âme;
C'est comme j'en fais, Madame,
Dans la mienne je vous vois.

Zusatz: „*bourre*".

Si vous pensez me changer,
Ce miroir me le rapporte:
Voyez donc de même sorte
En vous, si je suis léger.

„*bourre encore.*"

9. Gegen *niaiseries, sottises, maurais mots, bouffon-
neries, chimères, doctes obscurités, fictions, métaphores*
wird unablässig Krieg geführt und hervorgehoben, dass
Frauen gegenüber Gelehrsamkeit nicht wohl angebracht sei.

10. Der Wohlklang nimmt den ersten Platz neben
der Grammatik ein. Z. B.

    a) Elégies, livre I. 19.. p. 376.

      Hélas! c'est fait de lui, il crie, il se tourmente.

Zusatz: *..J. i, cri, i, se etc.!"*

    b) Diverses amours. chans. VI.. p. 445.

      Aussitôt éteint qu'allumé.

Zusatz: *..To, té, teint."*

Alle diese Regeln, mögen sie gleich pedantisch und
subtil erscheinen, haben den wichtigen und vollkommen
berechtigten Zweck, die Dichtkunst in der Ausübung un-
wandelbaren, schwer zu beobachtenden Gesetzen zu unter-
werfen und dadurch auf eine ihr angemessene Höhe zurück-
zuheben, von wo sie innerhalb der letzten Jahrhunderte
herab gestiegen oder gesunken war. Die Willkür ist der
ausgesprochene Gegensatz jeder Kunst, nur der Natur sind
Unregelmässigkeiten erlaubt, weil sie, absichtslos und plan-
los wirkend, dem Zufall nicht auszuweichen vermag. Nun
wendete sich Malherbes Kritik gerade gegen Ronsard
und Des Portes, deren Formlosigkeiten, deren rücksichts-
lose Verstösse gegen das Wesen der Poesie wie der Sprache
nicht nur der Menge, sondern auch Einsichtsvolleren ent-
gangen waren. Der Tyrann der Worte und Silben besass
selbst nicht die Gabe mühelos zu dichten: unausgesetzt
feilte und ciselirte er an Güssen, welche von seinen
Vorgängern längst für vollendet wären gehalten worden.
Und eben weil diese aus Nachlässigkeit und Trägheit die
Schwierigkeiten übersahen oder nicht besiegen, nicht er-

kennen wollten, legten sie geringen Werth auf den dar-
zustellenden Gedanken. Trat aber an den Dichter das
Erforderniss heran. Zeit und Nachdenken schon auf die
äussere Form zu wenden, dann hütete er sich im eigenen
Interesse, unbedeutendem Inhalte mit langer und schwie-
riger Arbeit künstliche Gestalt zu geben. Anders behan-
delt der Bildner den Thonklumpen als das Erz und den
Marmorblock. Seit dem 17. Jahrhundert ist diese oder
jene der Vorschriften Malherbes ausser Acht gekommen,
sie wurden wohl auch schon von Zeitgenossen manchmal   107)
beanstandet: allein das Ganze der Regeln des alten Päda-
gogen zu beseitigen. hat bisher noch kein französischer
Dichter unternommen, ohne auf den Beifall seiner Nation
verzichten zu müssen. Und das begreift sich.

Was Malherbe mit Entschiedenheit forderte, beruhte
auf tiefem Verständnisse des Geistes der französischen
Sprache. Obgleich dem König unterthan genug, um sogar
in Religionssachen sich unterzuordnen, besass er dennoch
den Muth Henri IV. eines Tages zu antworten: „*Sire,
vous êtes le plus absolu roy qui aye jamais gouverné la
France et si* (doch) *vous ne sauriez faire dire deçà la
Loire une cuillère* (statt *un cuiller*) *à moins que de faire
défense, à peine de cent livres d'amende, de la nommer   10s)
autrement.*" Was von dem Pariser Volke nicht verstan-   109)
den wurde, hielt Malherbe nicht für französisch. Deshalb pflegte er diejenigen, welche wegen Anwendung eines
Wortes sich Raths erholen wollten, an die *crocheteurs du   110)
port au Foin* zu weisen. denn diese, echte Kinder der
Seinestadt. sprachen weder gaskognisch noch flämisch,
weder griechisch noch lateinisch. Im gleichen Sinne er-
klärte er. auf den Tadel sogenannter Kenner in Bezug

auf seine Uebersetzungen oder Paraphrasen, dass er
„*n'apprestoit pas les viandes pour les cuisiniers.*"
Er wollte Allen verständlich sein. Dieses Bestreben
erregte Anfangs Spöttereien, seine Uebersetzungen wurden

111) *un bouillon d'eau claire* genannt, indess die Nation hat
Malherbes Urtheile ratihabirt und besitzt in Folge
dessen das präziseste, korrekteste und eleganteste Idiom,

112) das heutzutage unbestritten der Weltherrschaft geniesst.
Gelehrte verschiedensten Ursprungs veröffentlichen Werke
in französischer Sprache, nicht nur, um denselben weiteste
Verbreitung zu ermöglichen, sondern um Nutzen zu zie-

113) hen von der Verständigkeit, Klarheit, Bestimmtheit des
Französischen, wo jedes Wort, nach Analogie der Ziffern,
für Alle denselben Sinn enthält.

Der Verzicht auf die Inversion erscheint zwar als
ein Mangel, aber wenn hierdurch das Niveau des Französischen vergleichsweise herabgedrückt, wurde es in demselben Maasse der allgemeinen Verständlichkeit näher gebracht. Auch anderen Freiheiten anderer Sprachen wurde

114) entsagt, z. B. der Komparation der Eigenschaftsworte, der

115) Verschiedenheit der Kasusendungen, vielfachen Zusammensetzungen u.s.w. Dafür leistet mehr als genügende Entschä-
digung die Unmöglichkeit des Missbrauchs jener Bildungen,
mit dem die freieren kämpfen, unter dem sie zu leiden haben.

Solche Wirkung konnte Malherbe nur üben, weil
seine Thätigkeit auf Poesie und zugleich auf Prosa sich

116) erstreckte, denn erst durch dieser beiden gegenseitiges
Ausbilden und Stützen vermochte die Litteratur kräftiges

117) Wachsthums sich zu erfreuen. Die Disziplin wurde aus
den Reihen der Verse in die Masse der ungebundenen
Rede übertragen und aufrecht erhalten von der — 7 Jahre
nach Malherbes Tode — eingesetzten Autorität der

Académie française, durch deren Begründung Richelieu
seinem Vaterlande auf dem Gebiete der Sprache einen 117⁴)
Dienst ganz ähnlicher Natur leistete, wie durch seine Thätigkeit überhaupt in politischer Beziehung. Hatte bisher
Malherbe kraft eigener Machtvollkommenheit diktato-
rische Gewalt ausgeübt, so ging dieselbe nun auf das
Kollegium der 40 Unsterblichen über, welche in Bezug
auf Schicklichkeit und Würde, Eleganz und Geschmack
legitime unabsetzbare Richter wurden. Diese Einrichtung
hat sich bewährt als völlig entsprechend dem Charakter
des französischen Volkes, das zu allen Zeiten und auf
allen Gebieten Centralisation und Autorität vorgezogen
hat der Decentralisation und der Selbstregierung. So er-
reichte es eine National-Litteratur im eigentlichen Sinne
des Wortes, ohne auch nur bedauernd zu empfinden, dass
in Wahrheit an Stelle der echten Poesie, der freien Schö- 118)
pfung der Fantasie eine mit entschiedener Künstlichkeit
und Zierlichkeit aus prosaischem Stoffe gearbeitete Puppe
getreten war. Sie genügte und genügt, weil der Franzose
die poetischen Gestalten nicht mit dem innern Auge zu
schauen Willens oder fähig ist, sondern die Freude des
Ohrs an harmonischen, sonoren Klängen für poetischen
Genuss hält. Damit ist der Maassstab für die Beurtheilung
der französischen Dichter gegeben: nicht der absolute,
der antik-klassische darf gebraucht, sondern nur gefragt
werden, was sie leisten wollten, leisten mussten, um ihrer,
gegen die andern gewiss nicht zurückstehenden Nation
Beifall und Bewunderung zu gewinnen; denn jedes Volk
hat Anspruch und Recht auf Propheten und Poeten in
seiner Sprache.

V.

Malherbe lebte in Frankreich und — nicht zu über-
sehen! — dichtete namentlich während des ersten Viertels
des XVII. Jahrhunderts. So ging denn sein höchster Gedanke nicht hinaus über den Thron- (oder Bett-) Himmel
des Königs, seine Anspielungen auf das klassische Alterthum durften den Horizont eines Hofes nicht überschrei-
ten, der durch manches Andere mehr als durch Gelehrt-
heit glänzte. Aber in Bezug auf Reinheit und Würde
der Sprache. Rhythmus und Harmonie der Verse, klare
Anordnung des Inhalts sind seine Dichtungen meisterhafte
Beispiele zu seinen Lehren. So namentlich die Stanzen
Consolation à Monsieur Du Périer, die *Odes à la Reine
mère du roi, sur les heureux succès de sa régence; pour
le Roi, allant chastier la rébellion des Rochelois;* ferner
*Prière pour le roi Henri le Grand, allant en Limousin;
Paraphrase du psaume CXXVIII.*

Nicht einfaches Lesen dieser Verse wird deren Werth
119) ohne Weiteres erkennen lassen. Alle Gedichte leben nur
halb und verstümmelt, wenn sie nicht wenigstens vorge-
lesen werden, und nun vollends eine Ode, eine französische

Ode! Sie wirken auf das Klanggefühl durch Takt-
leben und Tonfall und sind auf einen Hörerkreis berech-
net, der für seine Sprache viel zartere Empfindlichkeit
des Ohres besitzt, als z. B. wir Deutschen, gewöhnt, nicht
so sehr auf die musikalische Hülle wie den Gefühl anre-
genden Kern im Gedichte zu merken. Irrthümlich aber
ist auch die ziemlich geläufige Annahme, den Franzosen
sei die Steifheit in dem Wesen ihres Hauptverses, des 120)
Alexandriners, unbekannt. Sie suchen vielmehr und verstehen Biegsamkeit und Bewegung hineinzulegen, indem
häufig bei dem ersten, zweiten oder vierten Jambus Vers-
und Wort-Accent miteinander in Konflikt gebracht werden.
Z. B. Consolation à M. du Périer

Le málheur dé ta fille au tómbeau descendue . .
Ne té lassé donc plus d'inútilés complaintes . .
Et lá gardé qui veille aux bárrièrés du Louvre . .

Als besonders anmuthig gilt die Wiederholung desselben Wortes mit verschiedener Stellung in Bezug auf
den Vers-Accent: z. B. l. c.

Aime une ombré comme ómbre et des cendres
éteintes . .

Alcandre plaint la captivité p. 160.

Tantô't je me la vois d'un pirate ravie.
Et tántôt la fortune abandonne sa vie . .

p. 229.

Voyez des bórds de Loire et dés bords de
Garonne . .

Die Kunst des Vortrags weiss den Widerstreit in ge- 120a)
fälliger Weise für den Hörer zu lösen, nicht ohne sicht-
lich Partei für den Wort-Accent zu nehmen. Denn keineswegs entbehrt die französische Sprache des Wort-
Accents, wie diesseits des Rheines vielfach geglaubt wird. 121)

„Der französische Accent, sagt Littré, *hat in jedem Wort eine sehr gleichmässige Stellung, und die betreffende Regel lässt sich kurz dahin geben: jede männliche Endung ist accentuirt; jede weibliche Endung wirft den Accent auf die vorletzte Silbe zurück."* Wie nun klingen die Verse Malherbes im Vergleich mit den besten seiner Vorgänger! Die Harmonie des Rhythmus bezauberte die Hörer damals und wirkt ungeschwächt noch heutiges Tages fort. Gedicht-Eingänge wie z. B. p. 261.

> *A ce coup nos frayeurs n'auront plus de raison* . .

oder:

> *Donc un nouveau labeur à tes armes s'apprête* . .

p. 277.

oder:

> *Ils s'en vont, ces rois de ma vie,*

p. 221.

> *Ces yeux, ces beaux yeux* . . .

rufen jedes Mal Begeisterung hervor, wie die Anfänge mehrer Scenen des *„Cid"*

> *Enfin vous l'emportez* . .

oder:

> *Rodrigue, as-tu du coeur?*
>
> *A moi, comte deux mots!* u. s. w.

bei jeder Aufführung mit ungetheilter Freude begrüsst werden. Lernt der Fremde es schwer begreifen, so darf doch ein Vorwurf deshalb nicht Corneille, nicht Malherbe treffen, da sie für Franzosen schrieben und als Franzosen beurtheilt sein wollen. Freilich ist *„überall leichter, das von unserer Weise abweichende zu tadeln,* 122) *als es in seiner Eigenthümlichkeit zu verstehn."*

Die Krystallisirung in die reinere Form erfolgte gleichzeitig mit der Klärung und Erhebung des Inhalts, beein-

flusst durch die Rücksicht auf die Sprache und die Verständlichkeit, die Zwillingsschwester der Verständigkeit.
An Stelle der Affectation trat die Würde. Eleganz ver-
drängte die Prunksucht. Die Anlehnung an das klassische Alterthum geschah mit Hülfe eines geringeren mytho-
logischen Apparates, geschickterer Auswahl der Stütz-
punkte. Ronsard hatte gewähnt, den Baum der griechi-
schen und römischen Poesie sammt den Wurzeln verpflan-
zen zu können, wie Sir Joseph Paxton die hundert-
jährigen Ulmen des Krystallpalastes. Malherbe begnügte
sich meistentheils zur Veredelung des heimischen Ge-
wächses Reiser zu pfropfen. Die dichtenden Zeitgenossen
und etwas später Lebenden waren über diese Missachtung
der Alten entrüstet. So ruft Gombauld aus: 123)

„*C'est vous, dont l'audace nouvelle*
A rejeté l'antiquité . . .
Vous aimez mieux croire à la mode;
C'est bien la foi la plus commode
Pour ceux que le monde a charmés."

Und Regnier: 124)

„ *. . . . ces rêveurs dont la muse insolente*
Censurant les plus vieux, insolemment se vante
De réformer les vers!"

Das heutige Urtheil lautet natürlich abweichend, doch
lässt es in Bezug auf den sonstigen Inhalt nicht selten
unberücksichtigt, welcher Theil der Schuld dem Zeitalter
und der Dichtungsart zufällt. Es wird milder und be-
scheidener auftreten in der Erinnerung dessen, was deut-   125)
sche Poeten von Opitz bis Klopstock in „*Odenkryptik,*
allzukühnen Wortschöpfungen, lateinischen Satzbildungen,   126)
seraphischer Göttersprache" geleistet haben. Und konnte
die Poesie urplötzlich das Band lösen, durch welches sie

3*

mit andern Künsten vereint war? Die Antwort steht mit
kräftigen Zügen in den herrlichen Bildern des Louvre,
mit denen ein Rubens die Geschichte der Marie de
Médicis im eigentlichen Sinne illustrirt hat. Hier „be-
trachtet Henri IV. bewundernd das ihm von Hymen vor-
gehaltene Porträt der Florentinerin," dort „empfangen die
Behörden und die Gottheiten der Stadt Marseille das
Schiff, welches umspielt von Tritonen und Nereiden die
königliche Frau getragen hat." „Henri — als Jupiter —
und Marie — als Juno — feiern ihre Vermählung."
Unter der „Regentschaft lassen Jupiter und Juno die
mit Tauben bespannte Erdkugel von Amor leiten; Apollo
und Minerva vertreiben die Zwietracht, den Hass und
den Neid." Dem Hofmaler durfte der Hofdichter in der
Farbengebung nicht zu weit nachstehen.

Ueberdies ist die Ode das Feld des Pathetischen,
mit dem Schlichtheit sich nicht verträgt: auch bei den
127) Griechen haben alle Dichter der chorischen Lyrik nicht
einer natürlichen Mundart sich angeschlossen, sondern in
einer Kunstsprache gesungen. Und die Sprache der Dichtkunst, überhaupt bei Beginn des XVII. Jahrhunderts,
konnte um so weniger auf die Mythologie verzichten, als
die Poeten geständig an Pindar und Horaz sich an-
lehnten, — aus denen „eine Atmosphäre undefinirbarer
128) Langweiligkeit auch in die deutschen Nachahmungen" übergegangen ist. Vollends ungerecht wäre, die Oden Malherbes mit dem Maasse des Thebaners oder des Ve-
nusiners messen zu wollen: denn es bedarf nicht des Be-
weises, dass die Bedingungen unter denen, die Motive, aus
denen jene Beiden ihre Gesänge dichteten, himmelweit
verschieden waren von den Verhältnissen und Veranlas-
sungen, unter deren Einfluss der normännische Edelmann

am französischen Hofe seine Oden und Stanzen, nicht für
alles Volk und unverflochten mit Tanz und Musik, zu
Papier brachte.

Dieser Dichter durfte das Konventionelle und Cere-
monielle im Inhalte kaum verlassen. Versuchte er zu-
weilen „*einfach*" zu sein, so fiel er aus der ungewohnten
Rolle, wurde er glatt und trivial wie in den Versen pour
un ballet de Madame:

> *„Cette Anne si belle,*
> *Qu'on vante si fort,*
> *Pourquoi ne rient-elle?*
> *Vraiment elle a tort.*

> *Son Louis soupire*   129)
> *Après ses appas;*
> *Que veut elle dire*
> *De ne venir pas? . . ."*

Doch nicht einmal Verantwortung kann Malherbe dafür übernehmen, weil er selbst nicht im Entferntesten gedacht
hatte, dergleichen zu veröffentlichen. Wenn der Richter 130)-
den Versuch zu einer strafbaren Handlung nicht vor sein
Forum zieht, sobald aus freien Stücken von der Ausführung Abstand genommen wurde, so hat die Kritik gewiss
kein Recht, auf Grund einer Haussuchung bei dem Dichter, 131)
ihren Spruch zu fällen. Malherbe hat nur drucken
lassen:

1. *Les Larmes de Saint Pierre;*
2. *A la reine, pour sa bienvenue en france;*
3. *Ode sur l'attentat commis en la personne de sa*
   majesté;
4. *Ode à la reine, mère du roi;*
5. *Ode à Monsieur le grand écuyer de france;*

6. *Lettre de consolation à madame la princesse de Conty;*

7. *Récit d'un berger sur les alliances de France et d'Espagne;*

8. *Le XXXIIIème livre de Tite Live;* und

9. *Pour le roi allant chastier la rébellion des Rochelois.*

Ueber dieser poetischen und prosaischen Arbeiten Werth sind in Frankreich die Litteratoren einig mit der gesammten Nation.

VI.

Wie Ronsard mit Opitz ist schon früher Malherbe mit — Ramler verglichen worden. *..Dieselbe Beschränktheit des Gefühls und der Phantasie.* schreibt Bouterwek. 132) *verbunden mit derselben Feinheit des kritischen Tacts in Allem, was Poesie der Sprache heisst, dabei ein ähnliches Streben nach classischer Präcision in jedem Worte und jeder Silbe und eine ähnliche Rastlosigkeit im wiederholten Ausfeilen und Ueberarbeiten jedes Ausdrucks und beinahe jedes Lauts macht diese beiden Dichter zu Geistesverwandten."*

Daneben ist nützlich zu lesen, wie A. W. Schlegel 133) ausruft: *„es sei erbarmungswürdig. wenn Ramler noch immer als der Held der Correctheit aufgestellt werde, der all sein Lebenlang nicht habe lernen können, einen ordentlichen Hexameter zu machen, der den Gedichten Anderer immerfort die unpassendsten, mattesten und übellautendsten Veränderungen · aufgedrungen habe, dem man endlich in seinen eigenen Sachen wahre Schülerhaftigkeit in der Technik, wenn man damit nicht bei dem nächsten Herkommen stehen bleibe, nachweisen könnte."* Das wird

genügen, um das Hinkende und Missliche jenes Ver-
gleichs sofort auffällig gemacht zu haben. Ueberhaupt
hat die deutsche Litteratur, was die materiellen, nach-
haltigen Erfolge anbetrifft, nirgend einen Malherbe
aufzuweisen, der doch an seinen Früchten müsste zu erkennen sein. Wir loben uns die freie Kunst und sind
erfreut, wenn's von allen Zweigen schallt; formell hält
uns nichts gebunden. Mit solchen republikanischen Ten-
denzen haben wir es zu einer Sprache gebracht, die für
uns dichtet und denkt, aber aus Missachtung gegen die
134) Muster und Lehren unserer herrlichen Meister ist die
deutsche Prosa verwildert. „*Kaum nothdürftige Richtig-
keit des Satzbaues dürfen wir erwarten*, klagt Lotze mit
Recht, *kein Gefühl für das empfindliche Gleichgewicht
der Periode, den Numerus der Alten; keine Vermuthung
davon, dass auch die prosaische Erzählung wie das Ge-
mälde eine sorgsam abgewogene Vertheilung der darge-
stellten Massen bedarf, um Haltung zu erlangen; von
Szene zu Szene werden wir fortgeführt und Niemand
kann sich nach dem Ende der grossen Umrisse eines
Werkes mit der Klarheit erinnern, mit welcher aus der
Entfernung sich scharf gezeichnete Linien einer Bergkette*
135) *unserm Auge darbieten.*"
Mag nun sein, dass die Poesie der Franzosen unserm
Wesen nicht zugänglich ist, so enthält doch ihre Behand-
lung der Sprache eine Fülle sehr beherzigenswerther Lehren; und wem die Verse nicht behagen, der wende sich
zu dem reichen Schatze der Prosa; denn im Grunde ist
so billig wie vortheilhaft, Einäugige nur im Profil zu
betrachten.

Anmerkungen.

1) S. 1. Lessings Werke, ed. Lachmann. Bd. VII. S. 176.

1ª) Lessing, Nathan der Weise. Act II. Auftritt 3.
„. . . . *Wär' es wirklich so, dass selbst*
Der beste seines Volkes seinem Volke
Nicht ganz entfliehen kann?"

2) S. 3. Littré, Histoire de la langue française, vol. I. p. 299. „*Les littératures, par le fait des langues, sont spéciales, servant à caractériser tout particulièrement les grands individus qu'on nomme peuples . . . . L'individualité est inscrite au front des littératures.*"

3) S. 3. Göthes Werke, Ausg. in 6 Bdn. Ueber Weltlitteratur Bd. V. S. 638. Börne's Werke. „*Französische Sprache.*" Bd. III. S. 4. „*Der deutsche Gelehrte . . . gewahrt mit Schrecken, dass das Beste, was er weiss, sich im französischen gar nicht sagen lässt.*"

4) S. 4. J. Grimms kleinere Schriften. „*Ueber das pedantische in der deutschen Sprache.*" Bd. I. S. 330.

5) S. 4. Göthes und Schillers Briefwechsel, 31. Mai 1799.

6) S. 5. Revue Germanique du 1. Février 1864. Article: Baudry sur les frères Grimm. Vergl. Voltaire, Essais sur la poésie épique. chap. 9. „*De toutes les nations polies la nôtre est la moins poétique.*"

7) S. 6. Sainte-Beuve, Nouv. Causeries du Lundi. vol. VII. p. 219.

8) S. 6. Vischer. KritischeGänge. N. F. Heft V. S. 129, von Cherbuliez wegen seiner Ungerechtigkeit gegen die französische Litteratur getadelt, bekennt offen: „*Es liegen zu viele Schlachtfelder zwischen uns; das mag wohl auf beiden Seiten das Urtheil etwas färben und trüben.*" Was hat die Aesthetik mit der Politik zu schaffen?

9) S. 7. A. W. v. Schlegel, Kritische Schriften. Thl. 1. S. 2.

10) S. 8. Charakteristisch ist, dass die Renaissance der französischen Litteratur von einer Frau datirt wird. Nisard. histoire de la littérature française. vol. 1. p. 199.

11) S. 9. Schiller. Geschichte der Unruhen in Frankreich. Ausg. 1847. Bd. 11. S. 64.

12) S. 9. Göthe. Bd. V. S. 215. Anm. zu Rameaus Neffen.

13) S. 9. Die Paraphrase des Psalm 50 wird von den französischen Calvinisten noch jetzt gesungen.

14) S. 9. Voltaire, Temple du Goût. XIV. p. 166. ...*Marot qui n'a qu'un style et qui chante du même ton les psaumes de David et les merveilles d'Alix*"

15) S. 9. La Bruyère, Caractères. chap. 1. des ouvrages de l'esprit.

16) S. 10. Boileau. Art poétique. Chant I.

17) S. 10. Rabelais, oeuvres, éd. de Laulnay. vol. III. p. XXXVIII.

18) S. 11. Zu Gervinus, Nat.-Litt. der Deutschen III.
S. 146. „*Es ist schwer zu begreifen für einen Deutschen, wie die Franzosen ein so anhaltendes Interesse
an ihm (Rabelais) behalten konnten.*" Henry Hollam,
Introd. to the literat. of Europ. vol. I. p. 414.

„*But the most celebrated, and certainly the most
brilliant performance in the path of fiction, that be-
longs to his age, is that of Rabelais.*" Und J.-C.
Brunet, Notice sur deux anc. rom. p. CXXXII.

„*Quelque soit le jugement qu'on veuille porter sur
le roman de Franç. Rabelais, il est impossible de ne
pas reconnaître dans l'auteur un de nos écrivains
les plus originaux et les plus spirituels.*" Hierzu die
„*Urtheile und Zeugnisse*" ges. v. Regis in Bd. II.
S. 1370 flgd. d. Uebersetzung des Rabelais. Und
Jean Paul, Vorschule d. Aesthetik. Abth. I. S. 206.

19) S. 12. Lessing, Bd. IV. S. 37. ..... *was für Zwei-
deutigkeiten die lateinische Sprache unterworfen...*"
Nur Ein Beispiel dazu. Horat. de arte poetica lib.
spricht von promissi carminis auctor (V. 45) promis-
sum soll sein = longum nach Döderlein. = incep-
tum. = legitimum, = emissum = quod se editurum
esse promisit = prolixum = viel erwarten lassend.

20) S. 12. Erschien 1541 (6 Jahre nach der lateinischen
Ausgabe) in französischer Sprache.

21) S. 12. Discours sur la servitude volontaire ou le
Contre un.

22) Littré, Diction. de la langue franç. Complément de
la préface. p. L. „*La langue du XVIème siècle
n'inaugure rien de nouveau . . . Quand on consi-
dère combien elle a de caractère et de vraie beauté,
quand on la voit cultivée par des écrivains aussi*

*éminents qu'Amyot et Montaigne, on se demande
pourquoi le XVIIème siècle se crut autorisé à émonder
un parler si ample et si souple, à corriger un in-
strument d'un si bon usage. Pourtant, en exami-
nant de près la contexture de cette langue du
XVIème siècle et son histoire, on y trouve certaines
particularités qui témoignent de la nécessité d'une
réformation et qui montrent que, malgré d'excellentes
conditions, on ne pouvait la recevoir pour fixée.
Deux vices compromirent la langue à cette époque,
le latinisme et l'italianisme etc."*

23) S. 13. Februar 1549 d. h. 1550, da zu jener Zeit
das Neue Jahr mit Ostern begann.

24) S. 13. Joachim du Bellay, Oeuvres françaises.
Lyon 1575.

25) S. 13. Illustr. de la lang. franç. livr. II. chap. IV.

26) S. 14. Ibid. livr. I. chap. VII.

27) S. 13. Die übrigen Theilnehmer an der neuen Bewegung, sowie die Nachbeter' sind nur zweiten oder
dritten Ranges und hier nicht erwähnenswerth; aber
ein Curiosum mit Bezug auf Du Bartas darf ange-
führt werden. Er machte seiner Zeit († 1590) in der
Provinz und im Auslande grosses Aufsehen, mehr als
Ronsard, was heute schwer zu verstehen ist, wenn
in seinem Hauptwerke „*La Sepmaine*" (Schöpfungs-
geschichte nach Wochentagen) u. a. folgende Verse
sich finden:

*„La gentille alouette, avec son tire lire,
Tire lire aliré, et tire tirant tire
Vers la voûte du ciel; puis son vol vers ce lieu
Vire, et désire dire: adieu, Dieu, adieu, Dieu!"*

Er nennt auch:

„Apollon porte-jour, Herme guide-navire,
Mercure échelle-ciel, invente-art, aime-lyre . . .
La guerre vient après, casse-lois, casse-moeurs,
Rase-forts, verse-sang, brûle-bois, aime-pleurs etc."
Von ihm sagt Göthe (Anm. zu Rameaus Neffen)
s. v. Geschmack Bd. V. S. 215: *„Die Franzosen*
haben einen Poeten Dubartas, den sie gar nicht
mehr oder nur mit Verachtung nennen . . . Wir
Deutschen, die wir die Zustände jener Nation aus
einem andern Gesichtspunkte ansehen, fühlen uns
zum Lächeln bewegt, wenn wir in seinen Werken,
deren Titel ihn als den Fürsten der französischen
Dichter preist, die sämmtlichen Elemente der fran-
zösischen Poesie, freilich in wunderlicher Mischung
beisammen finden . . . .
Diese sehr ernsthaft gemeinten Gedichte gleichen
daher sämmtlich guthmüthigen Parodien und
sind wegen ihres bunten Ansehens dem Franzosen
auf der jetzigen Höhe seiner eingebildeten Kultur
äusserst verhasst, anstatt dass, wie der Kurfürst
von Mainz das Rad, ein französischer Autor die
sieben Tagwerke des Dubartas irgend symbolisirt im
Wappen führen sollte." Mit Bezug auf diese Stelle
schreibt der sonst tüchtige Eug. Géruzez in der
von der Académie française gekrönten Histoire de
la litt. franç. vol. I. p. 374: *„L'auteur de Faust,*
le grand Goethe, nous accuse d'ingratitude à son
égard (de du Bartas): nos poètes, dit-il, devraient
s'attacher à leur cou le portrait de du Bartas et
graver le chiffre de son nom dans leurs armes."!!!
28) S. 14. *„d'apparaître trop haut au simple populaire."*

29) S. 15. Montaigne, Essais, liv. II. chap. XVII. i. f. „. . . . *de la poésie, quant aux François, ie pense qu'ils l'ont montée au plus hault degré où elle sera iamais et aux parties en quoy Ronsard et du Bellay excellent, ie ne les treuve gueres esloignez de la perfection ancienne.*"

30) S. 15. Viennet. La Franciade. Préf. p. 25. „*Décomposer cette fameuse pléïade qui a fait tant de bruit dans son temps, et qui n'était qu'une impertinente coterie.*" Vgl. Bouterwek. Gesch. d. Künste und Wissenschaften. Bd. V. S. 29.

31) S. 15. Fénelon, Lettre à l'Académie franç. „*(Ronsard) n'avait pas tort de tenter quelque nouvelle route pour enrichir notre langue, pour enhardir notre poésie, et pour dénouer notre versification naissante. Mais en fait de langue on ne vient à bout de rien sans l'aveu des hommes pour lesquels on parle. . . . la singularité est dangéreuse en tout.*"

32) S. 16. Gervinus l. c. III. 177 vergleicht ihn höchst treffend mit Opitz.

33) S. 16. Eichhorn, Geschichte der Litteratur. IVa S. 339 „*eine ästhetische Gesetzgebung, die jeder gern annahm, weil Alles so genau bestimmt, so gewählt und zweckmässig gesagt war.*"

34) S. 16. Boileau l. c. chant. I.

35) S. 17. Bouterwek l. c. V. 124.

36) S. 17. Balzac „*le Socrate chrestien*" Disc. X.

37) S. 17. Boileau l. c.

38) S. 18. Instruction de Malherbe à son fils d.d. 1625, 29. Juillet. Oeuvres, éd. Lalanne vol. I. „*De toutes lesquelles choses il se voit le peu de dépense que j'ai faite à mon père.*"

39) S. 10. Eichhorn l. c. S. 364 giebt an. Malherbe
habe in Heidelberg und Basel der Rechtsgelehrsam-
keit obgelegen. Der als Quelle citirte Dictionnaire
hist. de Pierre Bayle enthält eben so wenig wie
irgend eine andere Etwas von diesem Umstande.

40) S. 10. Huet, Origines de la ville de Caën. 1706,
citirt von L. Lalanne, Notice biographique sur
Malherbe. p. X. n. 2.

41) S. 10. Dies wurde anerkannt in zwei gleichlautenden
Urtheilen aus dem J. 1644 und 1645, jedoch später
bestritten.

42) S. 11. So die Biographen, welche ohne Kritik der
Vie de Malherbe par Racan gefolgt sind. S. dagegen L. Lalanne, C. Hippeau, Sainte-Beuve,
de Gournay. Bedauerlich ist, dass Fr. Kreyssig,
Geschichte d. franz. Nat.-Lit. (3. Aufl. 1866) in bio-
graphischer Beziehung fast nur Unrichtiges enthält.

43) S. 11. Lettre de Malherbe à M. de Mentin d. d.
14. Oct. 1626, ... *je suis bien d'avis que l'épée est
la vraie profession du gentilhomme.*"

44) S. 11. Instruction l. c. *„je n'ai pas eu un liard de
la maison.*"

45) S. 20. Die von dem Vater verfassten Grabschriften
sind voll lächerlicher Emphase. Die 8jährige Verstor-
bene ruft von ihrem Grabsteine aus dem „*Wanderer*"
zu: „*Du kennst den Adel und die alte Abstammung
der Malherbe de St.-Aignan: mein Vater ist vom
Range derjenigen, die ihr Jahrhundert kennt, und
vielleicht wird der Zukunft nicht unbekannt sein,
dass er gelebt hat. Meine Mutter ist die Tochter
des Herrn Louis de Carriolis. Genug von meiner
Verwandtschaft: die Eitelkeit wohnt nicht an dem*

Orte, wo ich bin." Der Schweigenden wäre eher
zu glauben gewesen.

46) S. 11. Poésies CIII. V. 141—144.

47) S. 11. 2. Juni 1586 durch Philippe Altoviti, ca-
pitaine des galères.

48) S. 12. Prière pour le roi Henri le Grand. XVIII.
V. 91—96.

49) S. 12. Tansillos Gedicht zählt nicht weniger als
911 achtzeilige Strophen.

50) S. 13. Sainte-Beuve. Revue Européenne 15. Mars
1859 p. 821. Dagegen nennt es F. Guizot, Vies des
poètes françois vol. I. S. 57 Introduct. ..*chef-d'oeuvre
de tous les genres de mauvais goût.*"

51) S. 14. Aus dem J. 1589 ist eine scherzhafte Grab-
schrift übrig auf Monsieur d'Is oder d'Ifs, einen
Verwandten Malherbes.

52) S. 14. Honorat de Bueil, Marquis de Racan 1589
† 1670. Von ihm sagt Boileau:
*Malherbe d'un héros peut vanter les exploits;
Racan chanter Philis, les bergers et les bois.*
Seine durchaus anekdotische Vie de M. de Mal-
herbe ist fast allen Ausgaben vorgedruckt.

53) S. 14. In der letzten Strophe heisst es:
„*Et déjà pâle d'effroi
Memphis se pense captive.*"
André Chénier findet pâle d'effroi — „*göttlich.*"
Schiller, Kraniche des Ibycus.
„*Umsonst, der schreckenbleiche Mund
Macht schnell die Schuldbewussten kund.*"

54) S. 14. Pierre et Barthélemy de Libertat über-
lieferten sie in der Nacht vom 16. zum 17. Februar 1596.

55) S. 15. Instruction. p. 339 sq.

56) S. 15. Jedenfalls nach dem 23. Juni 1599, denn V. 65—70 geschieht Erwähnung des Todes seiner beiden Kinder, die Tochter aber war erst an jenem Tage gestorben.

57) S. 15. Marie de Médicis, durch Prokuration am 5. Octbr. 1600 in Florenz mit Henri IV. vermählt, passirte auf ihrer Reise zum Könige die Stadt Aix am 16. Novbr. 1600.

58) S. 15. Racan. Vie de Malherbe. p. LXIV. flgd. Bestätigt durch ein Schreiben Malherbes an du Perron d. d. 9. Novbr. 1601.

59) S. 15. Nicolas Vauquelin. sieur des Yvetaux. geb. 1567 † 1649.

60) S. 16. In derselben Weise verfuhr auch Marquis de Rosny (später duc de Sully) gegenüber seinem königlichen Freunde. Le butin et l'honneur, le traitement et l'honneur lui semble une seule et même chose; l'un est à ses yeux la mesure exacte de l'autre. C. d. Lund. Sully, les Economies royales vol. VIII. p. 178.

61) S. 16. Lettre à Peiresc, Février 1606. Oeuvres vol. III. p. 2.

62) S. 16. Pseudonym für die Vicomtesse d'Auchy.

63) S. 16. Alcandre ist der 56jährige Henri IV., Oranthe Charlotte-Marguerite de Montmorency, welche später mit Henri de Bourbon, prince de Condé sich vermählte, ohne deshalb den Nachstellungen des Königs anders als durch die Flucht sich entziehen zu können. (Historiettes de Tallemant de Réaux: Madame la Princesse, Henri IV.)

64) S. 17. Ravaillac hatte am 14. Mai 1610 seine blu-

tige That verübt; doch noch am 9. August desselben
Jahres schreibt Malherbe, er *„werde seinem Herzen
nach den Andern Luft machen.“* Diese râtelée ist
aber unvollendet geblieben und das Fragment der
vers funèbres erst nach dem Tode des Dichters bekannt geworden.

65) S. 17. Vie de M. p. Racan. *„La réligion des hon-
nêtes gens est celle de leur prince.“* Ibid. p. LXXII.
*„Quand les pauvres lui disoient qu'ils prieroient Dieu
pour lui, il leur répondoit qu'il ne croyoit pas qu'ils
eussent grand crédit envers Dieu, vu le mauvais état
auquel il les laissoit en ce monde, et qu'il eût mieux
aimé que M. de Luynes ou quelque autre favori
lui eût fait la même promesse.“*

66) S. 17. Malherbe, dessen Huldigungen Catherine
de Vivonne, Marquise de Rambouillet, unter dem
Namen Arthénice empfing, muss gegen die übrigen
Besucher des Hôtel de Rambouillet, die Verehrer der
Précieuses, bedenklich kontrastirt haben.

67) S. 17. Lettre à Mad. Malherbe vol. IV. p. 3. n. 4.

68) S. 17. † 1607. vol. IV. p. 37.

69) S. 17. Lettre à Racan. vol. IV. p. 24.

70) S. 18. vol. I. p. 265.

A Madame de Rambouillet:
Restreignis mon amour aux termes d'amitié.

71) S. 18. Lettre à Racan. vol. IV. p. 31.

72) S. 18. E. Géruzez. Mélanges p. 87.
*„La Princesse de Conti lui disait un jour: „Je
veux vous montrer les plus beaux vers du monde
que vous n' avez point vus. — Pardonnez-moi, Madame, répondit-il, je les ai vus, car s'ils sont les*

*plus beaux du monde, il faut nécessairement que
ce soit moi qui les aie faits.*"

73) S. 18. Vie d. M. p. Racan p. LXX. „*Il se faisoit
presque tous les jours, sur le soir, quelque petite
conférence, où assistoient particulièrement Colomby,
Maynard, Racan. Dumonstier et quelques autres
dont les noms n'ont pas été connus dans le monde;
et (un jour), un habitant d'Aurillac, où Maynard
étoit alors président, vint heurter à la porte en de-
mandant:* „*Monsieur le Président est-il point ici?*"
*Cela obligea M. de Malherbe à se lever brusque-
ment pour courir répondre à cet habitant:* „*Quel
président demandez-vous? Apprenez qu'il n'y a point
ici d'autre président que moi.*"

74) S. 18. S. o. Verse über Henri III. S. 12. Seitdem es
gefährlich sein konnte der Königin-Mutter grosse An-
hänglichkeit zu beweisen, wird ihr Name nicht mehr
erwähnt in den Versen Malherbes. In der Widmung der Uebersetzung des Titus Livius an den duc
de Luynes heisst es u. A.: „*Son exemplaire latin a
eu le Cardinal Bourguese pour protecteur; quand
la traduction que j'en ai faite aura le duc de Luynes pour le sien, je ne penserai pas être le plus
mal partagé.*" Oeuvres I. p. 395. Dagegen lautet
ein Epigramm Malherbes auf den Tod seines
Gönners:

> „*Cet aluyne (i. q. absinthe) au nez de barbet,*
> *En ce tombeau fait sa demeure;*
> *Chacun en rit, et moi j'en pleure*
> *Je le voulois voir au gibet.*"

Oeuvr. I. p. 250.

75) S. 18. Angenommen, Malherbe habe im 25. Jahre

zu dichten angefangen, so hat er in jedem Jahre
durchschnittlich 50 Zeilen geliefert. Lettre à M. de
Bouillon 27. Septbr. 1618. IV. p. 47. „*J'aime fort
à ne rien faire.*"

76) S. 18. Nach der ersten Ausgabe mit dem Titel: T.
Livii Historiarum ab V. C. liber XXXIII. Prac-
cipua parte, quae desiderabatur expletus ex codice
manuscripto. Romae apud Bartholomeum Zanettum
MDCXVI, — erschien noch in demselben Jahre zu
Paris ein Abdruck, welcher, gleich dem Original,
von Seite 17 ab die fehlerhafte Aufschrift „*liber
XLIII.*" trägt. Die römische hat diesen Fehler im
Anhange verbessert, die Pariser nicht.

77) S. 19. Auch ein paar Blätter aus desselben Quaes-
tionum naturalium libri VII.

78) S. 19. Die übrigen der CXXIV. hat P. du Ryer,
de l'Académie françoise, hinzugefügt in der Ausgabe
von 1658.

79) S. 19. C. Hippeau, Biographie universelle s. v. p. 51. Die
Aechtheit wird von Lalanne bezweifelt. Note biblio-
graph. p. CVIII.

80) S. 19. Baehr, Geschichte der römischen Literatur.
Ausgabe II. S. 641.

81) S. 81. „*Je suis bien aise,*" schreibt er an seinen
Vetter de Bouillon, „*que mes lettres vous soient
agréables. Vous en pensez selon mon goût quand
vous dites qu'en les lisant vous pensez m'ouir devi-
ser au coin de mon feu. C'est là, ou je me trompe,
le style dont il faut écrire les lettres.*" 22. Décbr.
1607. vol. IV. p. 67.

82) S. 19. Lettre à M. de Balzac. Oeuvr. IV. p. 92.
„*Je ne crois pas qu'il y ait de quoy m'accuser de*

présomption, quand je dirai qu'il faudroit qu'un homme vînt de l'autre monde pour ne savoir pas qui je suis. Le siècle connoit mon nom..."

83) S. 19. Pierre Bayle, Dict. hist. s. v. meint, man müsse den Dichtern ihre Fanfaronaden zu gute halten.

84) S. 20. Vie d. M. p. Racan p. LXXVII. *„Il avoit aussi effacé plus de la moitié de son Ronsard et en cotoit à la marge les raisons. Un jour, Yvrande, Racan, Colomby et autres de ses amis le feuilletoient sur sa table, et Racan lui demanda s'il approuvoit ce qu'il n'avoit point effacé: „pas plus que le reste" dit-il. Cela donna sujet à la compagnie, et entre autres à Colomby, de lui dire, que si l'on trouvoit ce livre après sa mort, on croiroit qu'il auroit trouvé bon ce qu'il n'auroit point effacé; sur quoi il lui dit qu'il disoit vrai, et tout à l'heure achèva d'effacer tout le reste."*

85) S. 20. Balzac, les passages défendus; troisième défense. A Menandre. *„Cet homme qui ne pardonneroit pas une incongruité à son père, m'avoit mis en cette humeur, et m'avoit fait jurer sur ses dogmes et ses maximes. Vous entendez bien par là notre Monsieur de Malherbe, et savez bien qu'en qualité de premier grammairien de France, il prétend que tout ce qui parle soit sous sa juridiction, comme il est cause en effet qu'on parle plus régulièrement qu'on ne faisait, et moins au hasard et à l'aventure."*

86) S. 20. Vgl. Anm. 73 zu S. 18.

87) S. 20. Racan schrieb: *„Je sais que votre jugement est si généralement approuvé, que c'est renoncer au sens commun que d'avoir des opinions contraires*

aux vôtres." Sainte-Beuve, Rev. Europ. l. c.
pag. 851.

88) S. 21. Louis XIII. verliess Paris am 20. Juni 1627
um zur Belagerungsarmee vor la Rochelle sich zu
begeben, wurde auf dem Wege dahin krank und traf
erst am 12. Octbr. im Lager ein. Malherbe, nach
einem Briefe an seinen Cousin de Bouillon d. d.
22. Dezbr. 1627, arbeitete zu jener Zeit noch an
der Ode, und erst am 3. April 1628 meldet er
seinem Freunde Peiresc die von Louis XIII. ihm
gemachten Complimente.

89) S. 21. Lettre au Sieur Legros. Vie. d. M. p. Lalanne
p. XLI. n. 3.

90) S. 12. Vie d. M. p. Racan p. LXXXVIII.

91) S. 22. Das Wort *patrie* kommt zuerst und zwar
zweimal vor in der Widmung der Défense et Illustration de la langue françoise an den Kardinal du Bellay, veröffentlicht von Joachim du Bellay 1549.

92) S. 22. Sainte-Beuve C. d. L. Sully, p. 178.

93) S. 23. Schon im XII. und XIII. Jahrhund. waren
aus den Dialekten Patois geworden. Ernest Renan,
Journal des Débats 22. Oct. 1853. „*La langue
déjà littéraire de cette époque n'avait réellement pas
de dialectes, mais seulement des variétés provinciales
d'orthographe et de prononciation.*" Art. sur la
„*Grammaire de la langue d'Oïl par G. F. Burguy.
Littré, hist. de la langue franç.* vol. I. p. LVIII.
(*Au XIVème siècle) les dialectes perdent leur autorité
et descendent au rang de patois.*"

94) S. 23. Littré, Dict. de la langue fr. l. c.

94^a) S. 23. Dictionnaire de l'Academie franç. Dern. édit.
Préface p. IX. „*L'incomparable imagination de Mon-*

*taigne n'a pas fait que les formes de sa langue fus-
sent encore dans l'usage, cinquante ans après lui.*"

95) S. 23. Rosenkranz, Allg. Gesch. der Poesie II.
   S. 160.
96) S. 23. Balzac, lettre à M. de Silhon: *„ducentos
   versus ante cibum et totidem coenatus scripsisse
   (Ronsard) amabat.*"
97) S. 23. Patin, Mélanges de littérat. anc. et mod.
   Paris 1840. p. 193.
98) S. 44. Balzac, Socrate chrestien, Disc. X.—Sainte
   Beuve. 1. c. bezeichnet ihn wiederholt als Gram-
   mairien-poète.
99) S. 23. Krit. Schrift. Bd. I. S. 424.
100) S. 23. Sainte-Beuve, l.c. *„Sa tâche avant tout, était
   de réparer et de monter, en artiste habile, l'instru-
   ment dont Corneille devait tirer des accords subli-
   mes, et Racine des accords mélodieux.*"
101) S. 24. Vol. IV. p. 249—473.
102) S. 24.
   *„Ce poète orgueilleux (Ronsard) trébuché de si
                              haut,
   Rendit plus retenus Desportes et Bertaut.*"
   Boileau, Art poétique. Ch. I.
103) S. 24. Woher Arnd (Gesch. d. franz. Nat. Litterat.
   Bd. I. S. 140) deren Inhalt genau anzugeben im
   Stande gewesen, ist nicht ersichtlich. (Vergl. Anm.
   82). Was Racan dort erzählt, ist das einzige Bekannte über das betreffende Exemplar.
104) S. 24. Lessing. Bd. V. S. 335 flgd.
105) S. 24. Sainte-Beuve, Tableau de la Poésie française au XVIme siècle p. 152 flgd.
   Nisard, hist. de la litt. franç. I. p. 354 flgd.

Guizot, Vies des poètes françois I. 54 flgd., und besonders

Discours sur les obligations que la langue et la poésie françoise ont à Malherbe etc. par Lefebvre de Saint-Marc. (Coll. des classiques franç. vol. XXV., XXVI. Abdruck d. Ausgabe v. 1757.)

106) S. 27. Vgl. Göthe, Bd. V. S. 580. „*Redensarten, welche der Schriftsteller vermeidet, sie jedoch dem Leser beliebig einzuschalten überlässt.*"

107) S. 29. Mademoiselle de Gournay „*de la façon d'écrire de Messieurs du Perron et Bertaut.*"

108) S. 29. Vie d. M. p. Racan p. LXXIX.

109) S. 29. Jean Paul spricht von der französischen oder Pariser Poesie. Vorschule der Aesthet. S. 562.

110) S. 29. Racan l. c. — Arnd, Geschichte d. franz. Litterat. I. S. 138, behauptet, Malherbe habe erklärt, dass auf dem Marktplatze St. Jean das beste Französisch gesprochen werde und ein Dichter an diese Sprache sich zu halten habe. Arnd giebt sich dann den Anschein durch eigenen Scharfsinn aus dieser Redensart den verborgenen Sinn herausgefunden zu haben.

111) S. 30. Pierre Bayle l. c. Note E.

112) Jean Paul l. c., Bouterwek, Gesch. d. Künste etc. Bd. V. S. 159 flgd. u. v. a.

113) S. 30. Rosenkranz l. c. II. 160.

114) S. 30. Nur drei, dem Lateinischen entlehnte, Comparative: meilleur, pire, moindre. Früher kannte das Französische die Comparation. Grammaire de la Langue d'Oïl par Burguy, 2ème édit. tome I. p. 102. „*(Le vieux français) employait quelquefois, pour le comparatif, la terminaison or, du latin ior: mais*

dans les bons temps, elle ne servait que pour les régimes singulier et pluriel, et le sujet pluriel; le singulier sujet avait la terminaison res, re."

115) S. 30. Kasus-Endungen hatten früher bestanden. Vgl. u. A. T. Campenon, La Critique française Nr. 38. 18. Janv. 1864 s. Littré histoire de la langue franç.

116) S. 30. Lettre à la princesse de Conty, traduction de Tite Live et de Sénèque.

117) S. 57. Jacob Grimm, citirt von Gervinus l. c. IV. S. 346.

117ª) S. 31. Dict. de l'Acad. franç. Préface p. XI. "*Richelieu chargeait l'Académie de fixer la langue; et il ne savait pas que Descartes et Corneille renaient de la créer, aidés par une seule chose, après eux-mêmes, par ce mouvement vers l'unité qui partait de sa main puissante.*"

118) S. 31. La Harpe. Lycée XIV. pag. 275. "*Des vers bien faits ont toute l'exactitude et toute la justesse de la prose, en y joignant l'expression et l'harmonie poétique.*"

119) S. 32. Vischer, Aesthetik III. S. 1246.

120) S. 33. Stendhal: "*le vers français ressemble assez à une paire de pincettes brillantes et dorées, mais droites et raides: il ne peut fouiller dans les recoins.*"

120ª) S. 33. G. Freytag, Technik des Dramas. S. 274. *Im Französischen ist seine (des Alexandriners) Wirkung eine andere, weil bei dieser Sprache der Versaccent weit mehr gedeckt und auf das mannichfaltigste unterbrochen wird.*"

121) S. 33. Littré, hist. de la l. fr. I. 32. Irrig selbst

Vischer, (Aesthet. III. S. 1254.) der „das soge-
nannte Sprechen ohne Accent d. h. die Betonung
der Endsylben neben der Wurzel" als Unterstützung
der „Willkür" der Franzosen hervorhebt! freilich
wähnt er sogar, „dass die stummen e im Verse gesprochen werden." Sie zählen wohl. gehört werden sie jedoch nur beim Singen. und selbst in
komischen Liedern nicht durchweg. Vgl. u. v. a.
Béranger: „La Garde nationale."

> „Il faut qu' chacun d'nous s'exerce.
> Du mêm' pied partons toujours.
>   N' cessons pas.
> Chers amis. d'marcher au pas."

Vischer bemerkt an derselben Stelle, dass „den
Franzosen die lateinische Sprache aufgeimpft"
sei, als ob das Lateinische nicht die Hauptwurzel
des Französischen und bis heute überall sichtbar
wäre! Littré l. c. „die lateinische Accentuation
ist nicht viel verwickelter: der Accent ist auf der
vorletzten Sylbe, wenn diese lang ist. und auf der
drittletzten, wenn die vorletzte kurz ist. Nun, dieser
lateinische Accent hat den grössten Einfluss auf
die Bildung der französischen Sprache geübt; er
hat stetig die Bewahrung der Sylbe bewirkt, welche
ihn trug. dergestalt, dass die Abkürzungen und
Zusammenziehungen nur die Sylben getroffen haben
welche nicht accentuirt waren... Und selbst die
paar vorhandenen Anomalien verschwinden für den
Kenner der Geschichte des Wortes."

Aus unzähligen Beispielen:

> imprimere — empreindre.
> pingere — peindre,

porticus — porche,

pertica -- perche,

fidelis — féal.

amavimus — aimâmes,

aetatem — altfranz. aé — âge.

122) S. 34. Thiersch, Pindar, Einl. I. S. 120.

123) S. 35. Jean Ogier de Gombauld de l'Académie franç. 1576—1666. Recueil des plus belles pièces des poètes françois, depuis Villon jusqu' à Benserade.

124) S. 35. Mathurin Regnier, Sect. IX.

125) S. 35. Mangel an Verständniss bekundet Kreyssig (Gesch. d. franz. Nat. L. S. 150).

126) S. 35. Gervinus l. c. IV. 120.

127) S. 36. Curtius, Griech. Geschichte I. 510.

128) S. 36. Lotze, Gesch. der Aesthetik S. 661.

129) S. 37. Louis XIII. erwartete die Ankunft Annas von Oesterreich.

130) S. 37. Demogeot, hist. de la litt. franç. p. 352. *„Ce respect du lecteur… était au XVIème siècle chose entièrement nouvelle.“* Und hat aller Orten und Zeiten wenig Nachahmer gefunden.

130ᵃ)S. 37. Molière, les Précieuses ridicules, préface: *„C'est une chose étrange qu'on imprime les gens malgré eux. Je ne vois rien de si injuste, et je pardonnerois toute autre violence plutôt que celle-là.“*

131) S. 37. l. c. S. 238 flgde.

132) S. 39. Charakteristiken und Kritiken. II. S. 75.

133) S. 39. Vgl. die von Druckfehlern strotzende, eines Registers entbehrende Lachmann-Maltzahnsche Ausgabe Lessings, die unkritischen Ausgaben Göthes, die durch Düntzer (!) von *„ihren Ungleichheiten befreiten“* Klopstockschen Oden

(Leipzig 1868) mit den Editionen der Grands Ecri-
vains de la France, um einen Begriff zu bekommen
von der Verehrung, mit der die Rheinnachbarn an
ihrer Klassiker Werke herantreten!

134) S. 40. Lotze, Gesch. der Aesthetik. S. 642.
135) S. 40. Vgl. Ludwig Pfau, freie Studien. Stutt-
gart. 1866. S. 586 flg.

In **Carl Winter's** Universitätsbuchhandlung in Heidelberg sind erschienen:

Prinz Pudel. Ein philosophischer Roman. Von E. Laboulaye, Mitglied des Instituts von Frankreich, Professor der vergl. Gesetzeskunde am Collége de France. Einzig autorisirte deutsche Uebersetzung. Mit einem Vorwort des Verfassers: Dialogus ad usum Germaniae. (Gesammelte Werke I. Bd.) 8° brosch. Preis 1 Thlr.

„Ueber die Vorzüge dieses pikanten Zeitromans auch nur ein empfehlendes Wort zu verlieren, ist ganz überflüssig, der „Prinz Pudel" ist seit seinem Erscheinen der Held des Tages in allen Salons, in allen Café's von Paris, und damit ist Alles gesagt. Für den Deutschen, der wissen will, ob er bei der Lectüre des Buches seine Rechnung finden wird, genügt die eine Bemerkung, daß die Zustände des heutigen Paris niemals schonungsloser aufgedeckt worden sind, als es hier unter der Maske eines tändelnden Märchens geschieht." (Karlsr. Ztg).

„In der C. Winter'schen Buchhandlung in Heidelberg ist soeben in deutscher Uebersetzung erschienen: „Prinz Pudel, von Eduard Laboulaye". Es sind in diesem Werke die wahrhaft freisinnigen, einer langen Erfahrung, tiefem Studium und vor Allem, dem angeborenen Scharfsinne und der rückhaltlosen Wahrheitsliebe des Verfassers entspringenden Anschauungen über Staatsregierung niedergelegt und ist insbesondere das absolutistische Regiment mit bitterer Ironie und herrlichem Humor geschildert. Das Buch ist in Form eines Romans geschrieben und ist so spannend, unterhaltend und klar verständlich, daß es Jedermann sowohl als Lehrbuch der allein wahren und eines freien Mannes würdigen Politik, wie als äußerst unterhaltende Lectüre empfohlen werden kann." (Mannheimer Journal.)

Geschichte der Vereinigten Staaten von Amerika. Von Eduard Laboulaye. Nach der zweiten Auflage des französischen Originals. Mit einem Vorwort von J. C. Bluntschli, Geh. Rath und Professor des Staatsrechts an der Universität zu Heidelberg. In drei Abtheilungen: Erste Periode: Geschichte der englischen Colonieen. 1620—1763. Zweite Periode: Der Kampf um die Unabhängigkeit. 1763—1782. Dritte Periode: Geschichte der Verfassung. (Jede Periode bildet einen Band und ist einzeln verkäuflich. Preis jeden Bandes ca. 1 Thlr. (Gesammelte Werke II. III. IV. Band.)

Eduard Laboulaye, dessen „Paris in Amerika" und dessen „Pudelprinz" wahrhafte Ereignisse in der Literatur der politischen Satire geworden sind, ist nicht bloß ein witziger Publizist des Tages, sondern auch ein gründlicher Forscher und Lehrer der Geschichte. Von seinen Fakultäts-Vorträgen über die Zeit Ludwig's XV. haben wir in diesen Blättern bereits mehrfach gesprochen. Nicht minder gründlich und interessant waren seine Vorträge über die Geschichte der Vereinigten Staaten von Amerika. So weit wir aus dem vorliegenden Bruchstücke abzunehmen vermögen, stehen dem Verfasser zu seinem Vorhaben eine scharfe Auffassung der Verhältnisse und ein gründliches Studium der einschlagenden Geschichtsarbeiten zur Seite und man darf der Fortsetzung des Werkes mit gespanntem Interesse entgegensehen. Dr. J. (Magazin f. d. Literatur des Auslandes.)

Eduard Laboulaye ist ein ernster, fast möchten wir sagen deutscher Geist, der mit ruhiger Forschung das lebhafte Urtheil und die geschmackvolle Form des Franzosen verbindet. (Didaskalia.)

Interessant und von großer Originalität zeigt sich die Geschichte der Vereinigten Staaten von Amerika von Ed. Laboulaye, von der bis jetzt der I & II. Band vorliegt. (Illustr. Zeitung.)

Mit gleicher Anerkennung haben sich über obige Werke Ed. Laboulaye's bereits viele hervorragende Organe der Presse ausgesprochen, unter anderen: Süddeutsche Presse, Breslauer Zeitung, Elberfelder Zeitung, Europa, Romanzeitung, Berliner Revue, Hamburger Nachrichten etc. etc.

In gleichem Verlag sind erschienen:

Archiv für Geschichte und Literatur. Herausgeg. v. **Fr. Chr. Schlosser** und **G. A. Bercht.** 6 Bde. gr. 8. Herabgesetzter Preis: Thlr. 8. 8 Sgr.

Erster Band: Thlr. 1. 25 Sgr. Inhalt: 1) Die Tochter und die Gemahlin eines Ministers der Revolution, von Schlosser. 2) Ueber die Quellen der spät. lat. Geschichtschreiber ꝛc. von Schlosser. 3) Briefe über das Paradies von Dante's divina comedia von Schlosser. 4) Der Oberintendant Fouquet von Bercht. 5) Ueber Meyer's Gesch. d. Schweiz u. Aschbach's Gesch. d. Ommajaden v. Schlosser. 6) Univers., Studirende u. Prof. d. Griechen zu Julians u. Theodosius Zeit v. Schlosser.

Zweiter Band: Thlr. 2. Inhalt: 1) Die Widersetzung der Franzosen d. 18. Jhdts. gegen die in Staat u. Kirche gelt. Grundj. v. Schlosser. 2) Ezzelino da Romano v. Kortüm. 3) Briefe über d. Paradies v. Dante's divina comedia, Gesang 3—6, v. Schlosser. 4) Hat Franken im 10. Jhdt. Landesherzoge gehabt? v. Aschbach. 5) Der Gefangene m. d. eisernen Maske v. Bercht.

Dritter Band: Thlr. 2. 10 Sgr. Inhalt: 1) Zur Beurtheilung Napoleons v. Schlosser. 2) Beitr. z. Gesch. Aragoniens v. Gervinus. 3) Beitr. z. neuesten Gesch. v. Bern v. Bercht. 4) Schreiben Philipps d. Großmüth. an Granvella v. Rommel. 5) Philipps Lebensregeln f. s. Sohn Ludwig v. Rommel.

Vierter Band: Thlr. 2. 10 Sgr. Inhalt: 1) Einleitung in Dante's divina comedia ꝛc. von Schlosser. 2) Das Finanz- u. Steuerwesen in Spanien unter d. kath. Königen von Schäfer. 3) Wesen und Schidjal der dorisch-lakonischen Ackergesetzgebung v. Kortüm. 4) Nachrichten üb. d. repräsent. Verf. v. Jever. 5) Gesch. v. Luxemburg bis auf Graf Heinrich IV. v. Müller. 6) Ueb. d. Unterwerfg. d. Sachsen durch Karl d. Gr. v. Fund.

Fünfter Band: Thlr. 2. 20 Sgr. Inhalt: 1) Zur Beurtheilung Napoleons v. Schlosser, 2. Abthlg. 2) Ueber Jean Froissart u. s. Chroniken v. Prätorius. 3) Beitr. z. Gesch. Polens v. Stenzel. 4) Uebers. der Portugies. Gesetzsammlungen v. Schäfer. 5) Ueber histor. Größe v. Gervinus. 6) Ueber Gervinus Gesch. d. Florentin. Historiographie v. Schlosser.

Sechster Band: Thlr. 2. 15 Sgr. Inhalt: 1) Zur Beurtheilung Napoleons, Forts., v. Schlosser. 2) Die drei ersten Jahre der französischen Revolution von Dr. Carové. 3) Geschichte der Heruler und Gepiden von Aschbach.

Feldbausch, F. S., Deutsche Metrik nach Beispielen und klassischen Dichtern. kl. 8°. geh. 20 Sgr.

Lesebuch der poetischen National=Literatur der Deutschen, von der ältesten bis auf die neueste Zeit. Herausgegeben G. K. Frommann und L. Häusser. 52 Bogen. gr. 8°. Preis: 2 Thlr.

I. **Altdeutsches Lesebuch** vom IV. bis zum XV. Jahrhundert. Herausgegeben und mit biographischen Notizen und einem Wörterbuche versehen von **G. K. Frommann.** gr. 8°. broschirt. Preis: 1 Thlr. 10 Sgr.

II. **Lesebuch der poetischen National=Literatur der Deutschen** vom XVI. bis zum XIX. Jahrhundert. Herausgegeben und mit biographischen Notizen versehen von **L. Häusser.** gr. 8°. brosch. Preis: 20 Sgr.

Dieses Lehrbuch enthält in chronologischer Ordnung eine reiche Auswahl der vorzüglichsten Erzeugnisse der deutschen Literatur, worin jeder geschichtlich bedeutende Autor seine Berücksichtigung gefunden hat; es bietet somit eine vollständige Beispielsammlung ebensowohl für das Studium der deutschen Literaturgeschichte, als für die Entwickelungsgeschichte der deutschen Sprache dar. Dasselbe ist daher in beiden Gebieten beim sprachlichen und geschichtlichen Studium als correcte Quellensammlung zu benuzen und besonders beim Unterricht in Schulen zu empfehlen, zu welchem Zweck bei diesem Umfang und correcter schöner Ausstattung nicht leicht ein ähnliches Werk um obigen ermäßigten gleich billigen Preis vorhanden sein dürfte. Wir machen daher Literaturfreunde und Vorsteher höherer Schulen hierauf aufmerksam und bemerken, daß in jeder Buchhandlung Exemplare zur Einsicht zu haben sind.

G. F. Winter'sche Buchdruckerei.